技術とは何だろうか

三つの講演

マルティン・ハイデガー
森　一郎 編訳

講談社学術文庫

目次

凡例

・本書に収めたマルティン・ハイデガーのテクストの底本は、ネスケ社から刊行された単行本『講演と論文』（Martin Heidegger, *Vorträge und Aufsätze* (1954), 5. Aufl., Neske, 1985）である。以下、この原書を「VA」と略記し、頁数を添えて示す。

・本書の頁上欄にアラビア数字で示したのは、原書（VA）の頁付けである（ただし、テクストの収録順がVAと本書では逆になっているため、原書頁付けもそうなっている。ご留意いただきたい）。

・『ハイデガー全集』第七巻『講演と論文』（Martin Heidegger, *Gesamtausgabe*, Bd. 7: *Vorträge und Aufsätze*, Klostermann, 2000）にはVAのテクストが収められている。ハイデガー自身が所蔵本に書き込んだメモも全集版には注記されており、本書の収録テクストに関するメモ書きは訳注ですべて紹介しておいた。

・『ハイデガー全集』第七九巻『ブレーメン講演とフライブルク講演』（Martin Heidegger, *Gesamtausgabe*, Bd. 79: *Bremer und Freiburger Vorträge*, Klostermann, 1994）には「物」のブレーメン講演版テクストが収められている。VAの「物」とブレーメン講演版の「物」のテクスト上の違いは訳注で指摘しておいた。

・『ハイデガー全集』（Martin Heidegger, *Gesamtausgabe*, Klostermann, 1975-）から引用する場

合は、「GA」と略記して巻数を添え、コンマの次に頁数を記す（前掲の全集版『講演と論文』はGA7であり、『ブレーメン講演とフライブルク講演』はGA79である）。
・『存在と時間』を参照する場合は、「SZ」と略記し、単行本（Martin Heidegger, *Sein und Zeit* (1927), 15. Aufl., Niemeyer, 1979）の頁付けで示す。
・訳文中の〔　〕は、訳者による補足・注記である。訳文中に原語を併記する場合も〔　〕を用いる。これに対して、訳文中の（　）は原文に由来する。また、原文での引用符《　》は、訳文中では「　」とした。
・ギリシア語は、アルファベットにしてイタリック体で記す。長母音は *η* と *ω* のみ長音記号を付して区別し（*ē* と *ō*）、カタカナ書きにする場合もこれに準ずる（例：○テオーリア、×テオーリアー）。ただし、ギリシア語の固有名詞をカタカナ書きする場合は慣例に従い、原則として長母音は区別しない（例：○プラトン、×プラトーン）。
・ラテン語の長母音は、カタカナ書きのさい、原則として再現しない（例：○レス、×レース）。また、ラテン語の原文を記す場合、イタリック体にはしない（本書でのイタリック体は、原文に由来する強調箇所と、ギリシア語のアルファベット表記の二種である）。
・訳注は、テクストごとに通し番号＊1、＊2……を付し、各文末に一括して載せた。

技術とは何だろうか

三つの講演

編訳者まえおき

本書を繙《ひもと》くうえで案内となりそうなことを、最初に記しておこう。

以下に収めた三つのテクストは、マルティン・ハイデガー（一八八九―一九七六年）が一九五四年に公刊した単著『講演と論文』から採られている。『講演と論文』の冒頭を飾るのが、「技術とは何だろうか」――従来の訳では「技術への問い」――であり、同書中央に、「建てること、住むこと、考えること」と「物」が、この順番で配されている。

本編訳書で三作品の並び方を逆にしたのは、一つには、成立年からいって、「物」（一九四九年）、「建てること、住むこと、考えること」（一九五一年）、「技術とは何だろうか」（一九五三年）の順だからである。

三篇をこの順で並べたもう一つの理由は、内容上のものである。

人間によって作られ、労《いた》わられる「物」のあり方が、まず「物」で、「瓶《かめ》」という身近な道具に即して、次いで「建てること、住むこと、考えること」では、「橋」や「家屋」といった建物に即して論じられ、そうした物に凝縮して浮かび上がる「世界」が、天・地・神・人から成る「四方界」として描き出される。それゆえこの二篇は、一対で味わうべき内容をもつ。さらに「技術とは何だろうか」では、それまでの物と世界の応答関係とくっきり対照された形で、モノとヒトの一切をひとしなみに物的、人的資源として徴用して地球規模で膨張し続ける現代技術のシステムが、「総かり立て体制」と命名され、その歴史的運命からの「救い」が遠望される。

このような順序で読み進めてはじめて、ハイデガーの技術論の全貌が姿を現わしてくるのである。

三つのうち、分量的に言っても内容から見ても一番大がかりなテクストは、「技術とは何だろうか」になるだろうし、じっさい後期ハイデガーの代表作に数えられてきた。この技術論の古典を読み味わうためにも、人間によって作られ、世界を宿らせている物たちについて、卑近な事例に即して熟考している「物」と「建てること、住むこと、考えること」を読み併せることが望ましい。

「物」と「建てること、住むこと、考えること」には、さらに注目すべき特長がある。身近で具体的な存在者を出発点に据え、そこから説き起こして徐々に話を広げ、ついには世界に達する、というハイデガー現象学ならではのスタイルが駆使されている点である。いうなれば「事象そのものへ！」の格率がストレートに実践されている。

もとよりこれは、主著『存在と時間』（一九二七年）でさっそく打ち出された環境世界分析のスタイルである。その印象が強烈なので、ハイデガーの著作にはどこにでも出てくると思われて、必ずしもそうではない。ハイデガーの思索はつねに、既在の思索者たちとの対話、対決を基軸として繰り広げられる。講演、論文、講義、どれをとっても、たいていは、特定のテクストを選んで、集中的に解釈することに費やされる。『講演と論文』でも、ニーチェやヘルダーリン、ヘラクレイトスやパルメニデスといったテクストの読解に重きを置いた作品のほうが目立つ。やはりハイデガーの代表的論文集である『杣道《そまみち》』（一九五〇年）では、ヘーゲル、ニーチェ、リルケ、アナクシマンドロスといったテクストの読解が中心である。『杣道』のなかでは、冒頭に置かれた「芸術作品の根源」（一九三六年）が、ゴッホの絵やギリシア神殿といった作品を手がかりとしている点で、現象学的記述が精彩を放っている。そこに躍如としていた、いわば即物的手法が、「物」と「建てること、住むこと、考えること」にも、まぎれもなく看取されるのである。

古代人が「テクネー」や「ポイエーシス」という言葉で呼んだ人間の営みへの着眼は、初期ハイデガーのアリストテレス解釈以来のものであり、それが『存在と時間』や「芸術作品の根源」の記述を豊かに育《はぐく》んだ。その延長線上に、「物」や「建てること、住むこと、考えること」は位置づけられる。さらにそこから、「技術とは何だろうか」で示されることになる、現代技術における物と世界の総体的変容に関する洞察がもたらされた。そのことをわれわれは、本書に収めた三篇から太い線で学びとることができるのである。

もとより、「ハイデガーの技術論」と称されるべきテクストは、他にも少なくない。とりわけ、ハイデガーが一九四九年に行なったブレーメン講演「有るといえるものへの観入」(一九九四年刊の『ハイデガー全集』第七九巻に所収。創文社版『ハイデッガー全集』第七九巻に所収の拙訳は二〇〇三年刊)は、必読と言える重要性をもつ。四つの講演から成るこの連続講演のうち、第一講演「物」以外のテクストは、版権の都合で本書には収録できなかった。ただし、第二講演「総かり立て体制」、第三講演「危機」、第四講演「転回」のエッセンスと言えるものは、「技術とは何だろうか」に盛り込まれている。ブレーメン第二講演の改作の試みとして、「技術とは何だろうか」を読むこともできる。

編訳者としてむしろ残念なのは、ハイデガーが故郷メスキルヒで一九五五年に行なった講演「放下した平静さ」を、やはり版権の都合で収録できなかったことである(邦訳は、一九六三年刊の理想社版『ハイデッガー選集』第一五巻の辻村公一訳『放下』のみ)。原子力時代の真っただ中で、その問題意識を鮮烈に打ち出しているこのテクストの新訳は、いずれ、全集第一六巻の日本語版の中で読めることになっている。その日が近くやって来ることを、心して待ちたいと思う。

『講演と論文』末尾に記されていることを中心に、書誌的なことを付記しておく。

「物〔Das Ding〕」は、一九五〇年六月六日、バイエルン芸術アカデミーの招きによりミュンヘンで行なわれた講演である。翌五一年、同アカデミーの年報第一巻『形態と思想』に掲載された(ただし、先述の通り、これに先立って一九四九年一二月にブレーメンで行なわれた四連続講演の第一講演「物」が、原型をなす。ブレーメン講演の内容は、一九五〇年三月にビューラーヘーエで繰り返された）。

「建てること、住むこと、考えること〔Bauen Wohnen Denken〕」は、一九五一年八月五日、ダルムシュタットで行なわれたドイツ建築家協会のシンポジウム「人間と空間」での講演。翌五二年に印刷されたシンポジウム記録集に掲載された。

「技術とは何だろうか〔Die Frage nach der Technik〕」は、一九五三年一一月一八日、ミュンヘン工科大学大講堂で開かれたバイエルン芸術アカデミー主催の講演会「技術時代の芸術」での講演。翌五四年に公刊された同アカデミーの年報第三巻に掲載された。『講演と論文』劈頭《へきとう》に収録されたことは、この時期のハイデガーが最も力を入れて臨んだ講演だったことを物語っていよう（ちなみに、『杣道』も、もう一つの主要講演論文集『道標』（一九六七年初版）も、成立年代順に編集されている）。

　訳注は、「物」のブレーメン講演版との異同や、著者手沢《しゅたく》本書き込みなどを中心とするにとどめた。立ち入ったテクスト読解に関しては、本書と並行して準備され、現代書館から近刊予定の、ハイデガー技術論の読み直しを試みた拙著『核時代のテクノロジー論――ハイデガー『技術とは何だろうか』を読み直す』の参看を乞いたいと思う。

　ハイデガー独特のドイツ語の言い回しをどう日本語に定着させるかは、悩ましくも挑み甲斐のあるテーマである。本書の訳語選定方針については、訳語対照表の意味を併せ持つ巻末の索引を参照されたい。哲学書の翻訳という事業が日本語の可能性を——塞ぐものではなく——拓くものであるとかたく信じてきた一人として、今回も、声に出して読める哲学書を世に送り出すことをめざした。講義の魔術師のみならず講演の名手でもあった哲学者の代表的な三つの講演を、ぜひ朗読して味わっていただきたい。

物

時間[*1]上、空間上の距離は、すべて収縮しつつあります。以前なら何週間も、いや何カ月も費やさないとたどりつけなかった場所に、いまでは人間は、飛行機を使えば一晩で到着してしまいます。かつては何年もたってからようやく知ることのできた事件を、それどころか決して知ることのできなかった事件すら、人間は今日、ラジオ放送を通じて、時々刻々、たちどころに伝え聞くのです。冬から春に、また夏から秋にかけて徐々に芽吹き、伸びてゆく植物の、そのひめやかな発芽成長の過程を、近ごろの映画はたった一分間であからさまに映し出します。遠く隔たった最古の文明の遺跡が映画に上映されるさまたるや、あたかもその遺跡が現代の都市の路上に忽然と姿を現わすかのごとくです。おまけに映画は、被写体の真実性をさらに裏づけるために、撮影装置やその装置を現場で操作している人びとまでも、同時に映し出すのです。遠さのいかなる可能性も除去することの頂点[*2]をきわめているのが、遠望装置類としてのテレビです。この装置類は近い将来、情報通信の複雑なしくみと精妙なうごきの全般にくまなく介入し、その一切を掌中に収めることでしょう。

人間は、できるだけ短い時間で、できるだけ長い道のりをあとにしようとします。人間は、途方もなく大きな空間的距離を征服しつつあり、そうして、ごくごくわずかな時間的距離で一切を片づけようとしています。

しかしながら、距離という距離をあわただしく除去したところで、近さは決して生じません。というのも、近さなるものは、わずかな分量の距離というのとは別物だからです。映画の映像やラジオの音声によって、間隔上は私たちに対してこのうえなくわずかな距離にあるものでも、私たちにはあくまで遠いままであったりします。間隔上は見渡すことができないほど遠く隔たったものが、私たちには近いものであったりもします。距離が小さいことが、それだけでもう近さというわけではありません。距離が大きいからといって、それだけではまだ遠さではありません。

近さとは何でしょうか。どれほど長い間隔をどんなに短い隔たりに縮小したとしても、近さがいっこうに現われないとすれば。近さとは何でしょうか。距離をせわしなく除去しようものなら、近さはかえって阻止されてしまうとすれば。近さとは何でしょうか。近さが現われないのと軌を一にして、遠さもまたやって来ないとすれば。

そこに起こっているのは何でしょうか。距離をごっそり除去したはずなのに、すべてが同じように近く、かつ遠いとすれば。この同形で画一的なものは何でしょうか。そこでは、すべてが遠くも近くもなく、いわば隔たりを失っているとすれば。

一切は、画一的に隔たりを欠いたもののうちへといっしょくたに押し流されていきます。どうなっているのでしょうか。隔たりを欠いたもののうちへとこのようにいっしょくたに押しやられてしまうことは、すべてが入り乱れてはじけ飛ぶことよりも、なおいっそう無気味ではないでしょうか。原子爆弾の爆発とともにこれからやって来そうなことに、人間は見とれています。しかし、もうずっと前から現に到来してしまっており、しかも、現に生起してしまっている当のもののほうは、見ていません。[3] 原子爆弾とその爆発といえども、せいぜい、この本体から吐き出された最後の噴出でしかないというのに、です。水素爆弾については言わずもがなです。それにしても、水素爆弾を一つでも起爆させれば、最悪の可能性を考えると、地球上のあらゆる生命を絶滅させるにおそらく十分なのです。そんな途方に暮れるしかない不安に襲われていながら、何を呑気に待ちかまえようというのでしょうか。戦慄すべきものが、もう現に生起してしまっているのだとすれば。[4]

　戦慄に陥《おとしい》れるものとは、有るといえるものの一切をそのかつての本質から陥落させる、かのものです。この戦慄に陥れるものとは何でしょうか。それは、あらゆるものが現前的にあり続けるその仕方に、[5] おのずと示され、また隠されます。すなわち、距離がどんなに克服されようとも、有るといえるものの近さはいっこうに現われないという仕方に、です。[6]

　近さに関して事情はどうなっているのでしょうか。近さの本質を経験するにはどうすればよいのか。近さをじかに眼前に見いだす、などということはできそうにありません。近さを見いだすことに成功するのは、むしろ、近くに有るもののあとを追っていくというふうにして、です。私たちにとって近くに有るものを、私たちはふつう、物と呼んでいます。それにしても、物とは何でしょうか。[*7] 人間はこれまで、近さを熟考してこなかったのと同様に、物を物としては熟考してきませんでした。物の一つに、たとえば、〔水やワインを容れる〕瓶《かめ》[*8]があります。瓶とは何でしょうか。容器、つまりそのなかに他の何かを納めるもの、と私たちは答えるでしょう。瓶のうちで納めるはたらきをしている部分は、底面と壁面です。この納めるはたらきをしている部分それ自身も、これはこれで、取っ手の部分を持てば、手に納めることができます。容器である以上、瓶は、それ自体で立っています。このようにそれ自体で立つことが、瓶を、自立的なもの[*9]として特徴づけているのです。自立的物象〔Selbststand〕である点で、瓶は、対立的物象という意味での対象〔Gegenstand〕からは区別されます。自立的なものが対象となりうるのは、私たちがそれを私たちの前に立てて表象する〔vorstellen〕ときです。現在じかに知覚する場合にせよ、過去を想起してありありと思い描く場合にせよ、そうです。とはいえ、物の物らしさのゆえんは、ある物が、表象して立てるはたらきの対象となることには存していませんし、そもそも、物の物らしさというのは、対象の対象性のほうから規定されはしません。[*10]

瓶は、私たちがそれを表象して立てようが立てまいが、あくまで容器です。容器である以上、瓶はそれ自体で立っています。それにしても、納めるはたらきをするものがそれ自体で立っている、とは何を意味するのでしょうか。容器がそれ自体で立っていることは、それでもう瓶を一個の物として規定することになるのでしょうか。しかし、瓶が容器として立っているのは、何といっても、その瓶が立つことへともたらされたかぎりにおいてです。じっさい、この立つことへもたらされるということが起こったのであり、しかもそれが起こるのは、何らかの立てるはたらきによって、すなわち制作して立てるはたらき〔Herstellen〕によってです。陶工は、瓶を作るためにとくに大地から選びぬかれて調合された土をもとに、土製の瓶を製造します。瓶は、大地を原料として成り立っています。そのうえ瓶は、原料である大地のおかげで、大地の上に立つこともできます。大地の上にじかに立つ場合であれ、机や台を仲立ちとして立つ場合であれ、そうです。そのような制作して立てるはたらきによって存立するものこそが、それ自体で立つものなのです。制作して立てられた容器として瓶を受けとめるとき、私たちは何といっても、その瓶を一個の物としてとらえているのであり、たんなる対象としてとらえているのでは断じてありません。少なくともそう見えます。

それとも、この場合でも私たちは相変わらず、瓶を一個の対象として受けとめているのでしょうか。たしかにそうです。なるほど、もはや瓶は、たんに表象して立てるはたらきの対象とのみ見なされてはいません。しかしその代わりに、瓶は、制作して立てられることによって、こちらのほうへ、つまり私たちに対して、かつ私たちに向けて、立てられているのですから、その点ではやはり対象なのです。先ほどは、それ自体で立つことこそが、瓶を物として特徴づけている、と思われました。しかし、じつをいうと私たちは、それ自体で立つことを、けっきょくは制作して立てるはたらきのほうから考えているのです。それ自体で立つことは、制作して立てるはたらきがめざしている当の目標です。しかし、それ自体で立つことは、その場合でも依然として、対象性のほうから考えられています。[*11] たとえ、制作して立てられたものが対向的に立つことは、たんに表象して立てるはたらきに、もはや基づいてはいないとしても、です。いずれにせよ、対立的物象や自立的物象の対象性からは、物の物らしさへの道は通じていません。

物の物的なところとは、何でしょうか。物自体とは何か。私たちが物自体に達することができるのは、私たちの思索がまず最初に物としての物に到達し、これをつかみ終えてはじめてです。

瓶というのは、容器としての物の一種です。なるほど、この納めるはたらきをするものは、制作される必要があります。しかし、陶工によって制作して立てられたという性格は、瓶が瓶として有るかぎりでその瓶に固有なもの、をなすものでは断じてありません。瓶が容器であるのは、それが制作して立てられたからではありません。そうではなく、瓶が制作して立てられなければならなかったのは、それがかくかくの容器であるからこそなのです。

もちろん制作は、瓶がそれに固有な本性のうちへ入ってゆくようにします。とはいえ、瓶という存在に固有なそうした本性は、制作によって製造されるのでは決してありません。製造とは独立に、それ自体で立っている瓶は、その固有な本性のうちへ集約されつつおのれを納めているはずです。[*12] たしかに瓶は、制作される過程で、制作者に対して前もってその姿かたちを示すのでなければなりません。しかし、このおのれを示すもの、つまり姿かたち（エイドス〔*eidos*〕、イデア〔*idea*〕）が、瓶を特徴づけるといえるのは、この容器が、制作されるべきものである以上、制作者[*13]に対応して立っている、という観点からでしかありません。

しかしながら、そのように瓶の姿かたちを呈している容器が何であるか、かくかくの瓶状の物としての瓶が何であり、またいかにあるか[*14]、といったことは、姿かたち、つまりイデアという観点を持ち出したところで、決して経験できませんし、ましてや、事柄にそくして思索するなど無理な話です。現前的にあり続けるものの現前性を、姿かたちのほうから表象して立てたプラトンは、それゆえ、物の本質を思索しなかったのです。その点では、アリストテレスにしろ、それ以後のどんな思想家にしろ、同様です。むしろプラトンは、およそ現前的にあり続けるものすべてを、制作して立てるはたらき[*15]の対象として経験したのであり、しかも、それが尺度となって後代に決定的な影響を及ぼすことになりました。そこで私たちは、対象〔Gegenstand〕と言う代わりに、正確を期して、産出に由来する物象〔Herstand〕という言葉を用いることにしましょう。産出に由来して立つ物象〔Her-Stand〕のまったき本質をつかさどっているのは、産出に由来して立つこと〔Her-Stehen〕の二重の意味です。第一に、産出に由来して立つことは、何かから出て来るという意味に解されますが、これには、おのずと産み出される場合もあれば、制作して立てられる場合もあります。第二に、産出に由来して立つことは、産み出されたものが、すでに現前的にあり続けているものの隠れなき真相のうちへ入って来て立つ、という意味にも解されます。

　しかしながら、現前的にあり続けるものを、産出されて立つものとか対象的に立つものとかいった意味においていくら表象して立てようとも、物としての物に達することは決してありません。瓶の物らしさのゆえんは、それが容器として有るということのうちに存するのです。この容器の納めるはたらきの部分に気づくのは、私たちがその瓶を何かで満たすときです。納めるはたらきを引き受けているのは、明らかに、瓶の底面と壁面です。いやいや、ほんとうにそうでしょうか。瓶をワインで満たすとき、私たちは、壁面と底面のなかへワインを注いでいるのでしょうか。そうではなく、私たちがワインを注ぐのは、せいぜい壁面のあいだ、かつ底面のうえへ、です。なるほど壁面と底面は、この容器の不浸透性の部分ではあるでしょう。しかし不浸透性の部分だからといって、それでもう納めるはたらきをするわけではありません。瓶いっぱいに注ぐとき、注がれるものは、空《から》の瓶のなかへ流れ込んでこれを満たします。この空洞が、納めるはたらきをする容器の部分なのです。空洞、つまり瓶のこの無の部分こそ、納めるはたらきをする容器としての瓶の本体にほかなりません。

とはいえ、瓶は、やはり壁面と底面という要素から成り立っています。瓶を成り立たせている要素によって、瓶は立っているのです。立っていないような瓶とは、いったい何でしょうか。少なくとも、できそこないの瓶というべきです。ですから、依然として瓶ではあるでしょう。すなわち、納めるはたらきはするものの、たえずひっくり返しては容器から漏れ出るにまかせるたぐいの瓶、というわけです。しかし、漏れ出るということがありうるのは、ひとえにそれが容器だからこそです。

瓶は、壁面と底面から成り立っており、かつそれらによって立っています。とはいえ、その壁面と底面は、本来的に納めるはたらきをする部分ではありません。しかし、本来的に納めるはたらきをする部分が、瓶の空洞に存しているとすれば、ろくろ台をまわして壁面と底面を形づくる陶工は、ほんとうは瓶を製造していないことになります。陶工は、粘土の形を作っているだけです。いや、そうではなく――空洞の形を作っている、というべきです。空洞という目標をめざし、空洞という場所のうちへ、そして空洞という要素から、陶工は粘土を形づくって、一定の形状に仕上げます。陶工は、空洞という、手に納めることのできそうにないものを、最初からずっと手に納めているのです。しかも、納めるはたらきをするものとしてその空洞を、制作して立てて容器の形態

162

にかたどるのです。瓶の空洞は、制作するうえでのあらゆる手さばきを規定しています。容器の物らしさのゆえんは、容器を成り立たせている原料に存しているのでは断じてなく、納めるはたらきをする空洞のうちに存しているのです。

しかしながら、瓶の中は、ほんとうに空洞なのでしょうか。

物理学が私たちに確言するところによれば、瓶の中は、空気および空気を構成する全混合要素で充満しています。だとすれば、納めるはたらきをする瓶の部分を規定するための証拠として、瓶の空洞を引き合いに出したとき[*16]、私たちは、詩人気どりの考察をひけらかしてみずからを欺いていただけだった、ということになりかねません。

とはいえ、現実の瓶をその現実性に着目してつとめて科学的に探究すべく試みるや、ただちにもう一つ別の事態がおのずと現われてきます。ワインを瓶の中に注ぐ場合、それまで瓶を満たしていた空気が、たんに押しのけられるだけであり、その代わり今度は、一定の液体が瓶を満たすのです。瓶を満たすとは、科学的に見れば、ある中身を別の中身に交換することなのです。

このような物理学的記述は、もちろん正しいのです。科学はこうした記述によって、現実的なものを表象して立てるのであり、しかも、この現実的なものに科学は客観的に準拠しています。しかし――この現実的なものが、そのまま瓶なのでしょうか。そうではありません。科学が関わっている相手とは、科学なりの[*17]表象して立てる仕方によって科学向きの可能的対象としてあらかじめ容認された当のものでしかないのです。

　科学的知識は強制力をもつ、と言われます。たしかにそのとおりです。しかしながら、科学知が強制力をもつゆえんは、どこにあるのでしょうか。目下の場合、それは、ワインで満たされた瓶そのものを見捨てよ、そしてそれに代えて、液体が広がりうるような不定の空虚な空間を置き据えよ、とする強制に存するのです。科学は瓶という物を虚無的な何かに変えてしまいます。科学が物を、決定的尺度を与える現実的なもの[*18]として容認しないかぎりはそうです。

　科学的知識は、その領域つまり対象の領域において強制力をもっていますが、物を物としてはとっくに虚無化してしまっています。これは、原子爆弾が爆発した時点よりもずっと前からそうなのです。原子爆弾の爆発とは、物が虚無化されるという事態がとっくの昔から生起してしまっていることを確証するあらゆる粗暴な証拠のうちの、最も粗暴な証拠でしかありません。この場合、物の虚無化とは、物が物としては虚無的なままにとどまる、という意味です。物の物性はあくまで隠され、忘れられたままです。物の本質は決して前面に現われません。すなわち、言葉にもたらされません。このことを、物が物としては虚無化されている、という言い方は意味しているのです。[*19]虚無化がかくも無気味であるのは、それが、次のような二重の意味での思い上がりを伴っているからです。第一にそれは、科学とは、残余のすべての経験に先立って、現実的なものをその現実性においてずばり言い当てるものなのだ、とする思い込みです。そして第二に、そうはいっても現実的なものを対象とする科学的研究とはおよそ無関係に、物はあくまで物でありうるのだ、といった見せかけです。もっともこれは、そもそもこれまでずっと物が本質を発揮している物[20]であったと仮定したうえでの話ですが。しかるに、もし物が物としてその物性においてこれまでずっとおのれを現わしていたとすれば、物の物性はとっくに明らかになっていたことでしょう。物性[21]は思索されることを要求してきたことでしょう。しかしじっさいには、物は物としてはあくまで阻止され、虚無的にとどまり、そのような意味においてまさしく虚無化されたままなのです。こうした事態がすでに生起しているのであり、しかも、それが本質的に生起しているはなはだしさたるや、物がもはや物としては容認されていないばかりか、物がそもそも物として思索に現われる[22]ということがこれまで一度もありえなかったほどです。

物が物として現われないということは、何にもとづくのでしょうか。物を物として表象して立てることを人間が怠ってしまったという、ただそれだけのことなのでしょうか。人間が怠ることのできる事柄は、人間にあらかじめ差し向けられているものだけです。しかも、いかなる仕方であれ人間が表象して立てることのできる相手は、次のものだけです。つまり、はじめに前もっておのずから明け開かれ、そのさい、ともにもたらされる光のなかで人間におのれを現わしてしまっている当のもの、これのみなのです。

　では、その本質が現われることがこれまで一度もありえなかった、そういう物としての物とは、いったい何でしょうか。

　物はまだ決して十分近くにはやってこなかったし、それゆえ、物としての物に人間が注目できるようになるにはまだ不十分だった、ということなのでしょうか。近さとは何でしょうか。そう私たちはすでに問うていました。近さが何であるかを経験すべく、近くにある瓶に私たちは問いかけたのでした。

　瓶の瓶らしさのゆえんはどこに存するのでしょうか。私たちはこの瓶らしさを、にわかに見失ってしまいました。しかも、それを見失った瞬間とは、次のような見せかけが出しゃばってきたときでした。つまり、科学は私たちに、現実の瓶にそなわる現実性についての一定の解明をどうやら与えてくれそうだ、という見せかけがそれです[*23]。

　容器の現実的にはたらいている部分、容器の納めるはたらきをしている部分、つまり空洞を、空気で満たされた空虚な空間として、私たちは表象して立てました。この空虚な空間が、現実的に、つまり物理学的に考えられた空洞なのです。しかし、空虚な空間は、瓶の空洞そのものではありません。私たちは瓶の空洞を、瓶ならではの[*24]空洞として、あるがままに認めてはきませんでした。容器のうち納めるはたらきをする部分に、私たちは注目しませんでした。納めるはたらき自体がどんなふうに本質を発揮しているかを、私たちは熟考しなかったのです。それゆえ、瓶が納める当の中身のほうも、いかんともしがたく私たちから逃れ去ってしまいました。中身のワインは、表象して立てる科学の側からすれば、たんなる液体となり、さらにそれが、物質の一般にどこにでもありがちな凝集状態の一つになってしまったのです。*25 瓶が納める中身とは何であり、また、それを瓶はどのように納めるのか、ということについてつくづく考えることを、私たちは放置してきたのです。

瓶の空洞は、どんなふうに納めるはたらきをするのでしょうか。それは、注ぎ入れられたものを受けとる、というふうにしてです。瓶が納めるはたらきをするのは、とり入れたものを保っておく、というふうにしてです。空洞が納めるはたらきをするのは、受けとりつつ保っておく、という二重の仕方においてなのです。それゆえ、「納める」という言葉は二義的です。注ぎ入れられたものを受けとり、注がれたものを中に保つ、という二とおりのはたらきは、それでいて、たがいに連関しています。ところで、この両者の統一は、注ぎ出すはたらきのほうから規定されており、このはたらきに調子が合うように、瓶としての瓶はできています。このように、空洞の納めるはたらきの二重性は、注ぎ出すはたらきによるのです。納めるはたらきは、注ぎ出すはたらきをしてこそ、ありのままの本来的なあり方をとるのです。瓶から注ぎ出すはたらきとは、捧げるはたらきです。注がれたものを捧げるはたらきにおいて本質を発揮しているのが、容器の納めるはたらきなのです。納めるはたらきは、納めるはたらきをするものとしての空洞を必要とします。納めるはたらきをする空洞の本質は、捧げるはたらきに集約されています。しかし、捧げるはたらきは、たんに汲み出すはたらきよりも豊かです。瓶は、捧げるはたらきにおいてこそ瓶なのですが、この捧げるはたらきは、受けとりつつ保っておくという二重の意味での納めるはたらきへと、しかも注ぎ出すはたらきへと、おのずと集約されているのです。[*26] ドイツ語では、山《ベルク》〔Berg〕の集まりのことを、山脈《ダス・ゲビルゲ》〔das Gebirge〕と呼びます。二重の納めるはたらきが、注ぎ出すはたらきのうちへと集約されたものが、一緒にまとまってはじめて、捧げるはたらき《シェンケン》〔Schenken〕のまったき本質をなすのですが、この集まりのことを私たちは、捧げることの全体《ダス・ゲシェンク》〔das Geschenk〕と名づけましょう。瓶の瓶らしさは、注がれたものを捧げることの全体のうちで、本質を発揮しています。空の瓶にしても、その本質を保持するのは、捧げることの全体からです。たとえ、瓶が空になると、汲み出すはたらきを容認しなくなるとしても、そうです。しかるに、このように容認しないということ自体、瓶に固有であり、かつ、瓶にのみ固有です。これが、大鎌とかハンマーとかなら、このような捧げるはたらきを容認しないこと自体、できない相談です。

注がれたものを捧げることの全体は、飲み物となることがあります。飲むための水やワインを、飲み物は与えるのです。[*27]

捧げることの全体をなす水にやどり続けているのは、水源としての泉です。その泉にやどり続けているのは、石の塊からなる岩盤であり、その岩盤にやどり続けているのは、大地の暗いまどろみです。[*28] その大地は、これはこれで、天空からの雨露を受け入れています。つまり、泉の水にやどり続けているのは、天空と大地の婚礼なのです。天空と大地のこの婚礼は、ワインにもやどり続けています。というのも、そのワインをもたらすのはぶどうの実ですが、そのぶどうの実を仲立ちとして、大地の養分と天空の太陽は、たがいに契《ちぎ》りを結んでいるからです。水を捧げることの全体にも、ワインを捧げることの全体にも、やどり続けているのは、どちらも天空と大地なのです。ところで、注がれたものを捧げることの全体こそ、瓶の瓶らしさでした。それゆえ、瓶の本質にやどり続けているのは、大地と天空にほかなりません。

注がれたものを捧げることの全体は、死すべき者たち、つまり人間にとっての飲み物となります。飲み物は、彼らののどの渇きをうるおし、彼らの余暇の時間を潑剌《はつらつ》とさせ、彼らの付き合いを晴れがましくします。他方、瓶の捧げることの全体は、ときとして、奉納として捧げられることもあります。注がれるものが奉納される場合、それは、のどの渇きをしずめるのではなく、祭りのお祝いに供えられ、神前をしずめるのです。この場合、注がれたものを捧げることの全体は、どこかの居酒屋でふるまわれたりはしませんし、そもそもこの捧げることの全体は、死すべき者たちにとっての飲み物ではありません。注がれたものは、不死の神々に献じられた神酒《みき》なのです。神酒として注がれたものを捧げることの全体は、本来的な捧げることの全体です。奉納された神酒を捧げるはたらきのうちで、注ぐはたらきをする瓶は、捧げるはたらきをする捧げることの全体として、本質を発揮しています。奉納された神酒とは、「注がれたもの」という意味でのドイツ語グス〔Guß〕の本来意味するところ、つまり供物《くもつ》と犠牲です。グスという名詞に対応する「注ぐ」という意味の動詞ギーセン〔gießen〕は、ギリシア語ではケエイン〔*cheein*〕ですが、そのインドゲルマン語の語源はグ〔ghu〕であり、これは、犠牲にするという意味です。注ぐことは、それが本質的に成就され、十分に思索され、真正に述べられる場合には、献ずること、犠牲にすることであり、それゆえ捧げることなのです。だからこそ、注ぐことは、その本質がやせ衰えるやいなや、たんにつぎ入れたり汲み出したりすることに成り下がりもするのです。あげくは本質から朽ち果ててしまい、飲み屋で一杯ひっかけるといった低俗な意味になります。ともあれ、注ぐことは、たんにザーッと注入したり、ザーッとぶちまけたりすることではありません。

注がれたものは飲み物となる場合があり、その捧げることの全体には、それなりの仕方で、死すべき者たちがやどり続けています。注がれたものは神酒となる場合もあり、その捧げることとの全体には、それなりの仕方で、神的な者たちがやどり続けています。この神的な者たちによって、捧げるはたらきを捧げることの全体は、供物を捧げることの全体として取り戻されます。注がれたものを捧げることの全体に、死すべき者たちと神的な者たちが、別々の仕方でやどり続けているのです。ところで、注がれたものを捧げることの全体には、大地と天空もやどり続けています。それゆえ、注がれたものを捧げることの全体には、一方では大地と天空が、他方では神的な者たちと死すべき者たちが、ともに[*29]やどり続けていることになります。この四者は、おのずから一になりつつ、たがいに帰属しています。この四者は、現前的にあり続けるすべてのものに先立って、単一化されて、唯一の四方界〔Geviert〕を織りなしているのです。

注がれたものを捧げることの全体に、四者の織りなす単一性はやどり続けています。注がれたものを捧げることの全体が、そもそも捧げることの全体であるのは、それが、大地と天空、神的な者たちと死すべき者たちを、やどり続けさせる[*30]かぎりにおいてです。もっとも、やどり続けさせる〔Verweilen〕とは、ここではもはや、ごろっとそこにあるものがただ居すわっているという〔通例の自動詞的な〕意味ではありません。やどり続けさせるはたらきは、出来事として本有化《エアアイグネン》します〔Verweilen ereignet〕。つまりこのはたらきは、四者をそれらに固有な本性の光のうちへもたらすのです。この固有な本性の織りなす単一性にもとづいて、四者はたがいに契りを結んでいます。この組み合わせにおいて一になりつつ、四者は隠れもなく真なのです。注がれたものを捧げることの全体は、四者からなる四方界の織りなす単一性を、やどり続けさせます。ところで、捧げることの全体のうちで、瓶は瓶として本質を発揮しています。捧げることの全体には、捧げるはたらきに属しているものが集約されています。つまり、二重の納めるはたらき、納めるはたらきをする空洞、および献ずるはたらきとしての注ぎ出すはたらき、がそれです。捧げることの全体のうちに集約されたものは、四方界を出来事として本有化しつつやどり続けさせるという一点に、おのれ自身を集中させます。多様に織りなされつつも単純な、この集約するはたらきこそ、瓶が本質を発揮しているところにほかなりません。ドイツ語には、集約の何たるかを名ざす古語が一つあります。ティング〔thing〕という言葉がそれです。瓶の本質は、単一に織りなされる四方界をしばしの間のやどりへと捧げる純粋な集約化です[*31]。瓶が本質を発揮しているのは、物としてなのです。瓶が瓶であるのは、物だからこそです。では、物が本質を発揮しているのは、どのようにしてでしょうか。物は物化します《ダス・ディング・ディングト》〔Das Ding dingt〕。この物化のはたらき〔Dingen〕は、集約します。つまり、物化のはたらきは、四方界を出来事として本有化しつつ、その四方界のしばしの間のやどりを、おりおりの風物のうちへ集めます。すなわち、あれやこれやの物のうちへ集めるのです。

　そのように経験され思索された瓶の本質を、物と命名することにしましょう[*33]。この名前を、今や[*32]私たちは、思索された物の本質である物化のはたらきにもとづいて思索しましょう。物化とは、四方界を、集約し－出来事として本有化しつつ、やどり続けさせるはたらきのことです。しかし私たちはそのさい同時に、物化を考えるにあたって、物

〔Ding〕の語源たる前掲のティングという古高ドイツ語を、思い起こすのです。言語史上のこういった指摘はえてして、物の本質を思索している目下の私たちのやり方を誤解にさらしかねません。それというのも、一見すると、ティングという古高ドイツ語の名詞の意味がたまたま拾い上げられ、そこから、このさい思索された物の本質なるものが、[34]いわばこねくり出されたかのように見えかねないからです。物の本質を経験しようとする目下の試みは、語源学上の勝手気ままなお遊びの上に築かれたものにすぎぬ、との嫌疑がこうして頭をもたげてきます。この手の議論では本質事態が熟考される代わりに、[35]たんに語源辞典が利用されるだけなのだ、と決めつける意見すら、ゆるぎなく確立し、巷《ちまた》にまかり通っているありさまです。

しかしじつは、そういった懸念とは反対のことが実情なのです。じっさいティングという古高ドイツ語は、集約・集合という意味をもっており、しかも、話題にのぼっている関心事、たとえば係争事件の審議のために集合する、という意味です。その結果として、古ドイツ語のティングおよびディンク〔dinc〕は、関心事を言い表わす名称ともなります。これらの古語が名ざしているのは、およそ、何らかの仕方で人びとの関心事となるもの、人びとに係わり合ってくるもの、[36]その係わり合いに応じて話題にのぼっているもの、の一切です。話題にのぼっているもののことを、古代ローマ人はレス〔res〕と呼びました。ギリシア語でエイロー〔*eirō*〕（レートス〔*rhētos*〕、レートラ

〔*rhētra*〕、レーマ〔*rhēma*〕[*37]とは、何かについて語る、それについて審議する、という意味です。レス・プブリカ〔res publica〕というラテン語にしても、国家という意味ではなく、人民の誰にも公然と係わり合ってきて、誰にも「まとわりつき」[*38]、それゆえ公的に審議されるもの、という意味なのです。

レスという語は、係わり合ってくるもの、という意味です。だからこそ、レス・アドウェルサエ〔res adversae〕とか、レス・セクンダエ〔res secundae〕とかいった言葉の結びつきも出てくるのです。レス・アドウェルサエとは、好ましくない仕方で人間に係わり合ってくるもの、レス・セクンダエとは、好都合に人間に付いてまわるもの、です。辞書を引くと、レス・アドウェルサエは不運、レス・セクンダエは幸運、と訳されています。なるほど、この訳は正しいでしょう。しかしながら、これらの言葉が、思索された言葉として語られたかぎりで言わんとしている事柄について、辞書はほとんど何も伝えてくれません[*39]。この場合でも、そのほかの場合でも、実情はまずこんなところです。つまり、私たちの思索が語源学に頼って食いつないでいるどころか、その反対に、辞書に載っている語彙がじっさいに言葉として使われるとき、未展開のまま名ざされている事柄にひそむ本質事態をまずもって熟考すべし、と語源学はどのみち促されているのです[*40]。

古代ローマの言葉レスは、人間に係わり合ってくるもの、関心事、係争事件、事件・

場合のことを指します。レスの代わりに、古代ローマ人はカウサ〔causa〕という語も使います。カウサには、もともとはじめは「原因」という意味など全然ありませんでした。カウサとは、事件・場合という意味であり、だからこそ、何か事件が起きて現にそうなっているかくかくしかじかの事情、という意味にもなるのです。カウサが、レスとほぼ同義であり、事件という意味をもつからこそ、その後このカウサという語は、結果を引き起こす因果性〔Kausalität〕の意味での原因、という語義をおびることにもなったのです。古ドイツ語のティングおよびディンクは、関心事を審議するための集会、という意味をもっており、それゆえ、係わり合ってくるものという意味の古代ローマの言葉レスを、事柄にそくした仕方で翻訳する言葉として、他のどんな言葉よりも適当なのです。ところで、古代ローマ語の内部でレスに対応していたカウサという語は、事件や関心事という意味をもっていましたが、この同じ言葉から、ロマンス語系のコーサ〔cosa〕やフランス語のショーズ〔chose〕といった近代語が生じました。これを近代ドイツ語に置きかえると、まさしく物《ディング》〔Ding〕となります。ちなみに、英語のシング〔thing〕は、レスという古代ローマの言葉にみなぎっていた命名力を、いまなお保持しています。たとえば、英語でhe knows his things. といえば、彼は自分の「事柄・本分」を、つまり彼に係わり合ってくるものを、心得ている、という意味です。また、he knows how to handle things. といえば、彼は事柄・本分を、つまり場合場合に応じて問題となることを、どのように扱うべきか分かっている、という意味です。さらにthat's a great thing. といえば、あれは大いなる（すてきな、とてつもない、すばらしい）事柄だ、すなわち、突発してくるもの、人間に係わり合ってくるものだ、という意味なのです。[*41]

以上、レス、ディング、カウサ、コーサ、ショーズ、シング、といった語群の語義の歴史に手短にふれました。とはいえ、決定的なのはそういったことでは断じてなく、まったく別の、これまでまだまったく熟考されてこなかった事柄のほうです。レスという古代ローマ語は、人間に何らかの仕方で係わり合ってくるもの、を指しています。係わり合ってくるものこそ、レスのレス的〔つまり実在的・現実的〕たるゆえんなのです。レスのレアリタス〔つまり実在性・現実性〕は、古代ローマでは、係わり合い〔Angang〕として経験されたのです。しかしローマ人は、そのように彼らが経験したものを、ことさらにその本質において思索したわけでは決してありません。むしろ、レスのレアリタスという古代ローマ語は、後期ギリシア哲学が受容されたことにより、オン〔*on*〕というギリシア語の意味で、表象して立てられたのです。オンは、中世ラテン語ではエンス〔ens〕と訳されましたが、これは、産出に由来する物象〔Herstand〕という意味での、現前的にあり続けるものを意味します。レスはエンスとなり、制作し、また表象して立てられたものという意味での、現前的にあり続けるものとなります。古代ローマ人によって根源的に経験されたレスに特有なレアリタス、つまり係わり合いは、現前的にあり続けるものの本質としては埋没させられたままなのです。逆に、レスという名詞はむしろ、後代とくに中世において、エンスとしてのエンスをひとしなみに、すなわち何らかの仕方で現前的にあり続けるものをひとしなみに表わすために用いられました。たとえそれが、エンス・ラティオニスつまり理屈のうえで有るもの、のように、もっぱら表象して立てるはたらきに由来して立ち、現前的にあり続けるにすぎないものであっても、やはりエンスであり、レスであることに変わりありません。レスというラテン語に関して起こったのと同じ事態は、レスに対応する古ドイツ語のディンクという名詞に関しても起こっています。というのも、ディンクは、何らかの仕方で有るものをひとしなみに意味するようになったからです。これに応じて、マイスター・エックハルトは、ディンクという語を、神を表わす場合にも魂を表わす場合にも、同じように用いています。エックハルトにとって、神とは「最高で最上のディンク」[*42]です。魂とは「大いなるディンク」[*43]の一つです。こういった言い回しでもってこの思索の巨匠が、神や魂は岩塊と同じようなもの、つまり物質的対象である、などと言わんとしているわけでは決してありません。ディンクとはこの場合、有るもの一般を表わす慎重で控え目な名称なのです。だからエックハルトは、ディオニュシウス・アレオパギタの言葉[*44]にならって、こう述べています。「愛は、人間をして、当人が愛するディンクへ変貌させるという本性をもつ」[*45]と。

物という語は、西洋形而上学の用法では、とにもかくにもおよそ何ものかであるもの、を指しています。それゆえ、「物」という名辞の意味は、有るといえるものを、すなわち有るもの・存在者を、どう解釈するかに対応して変動します。カントは、マイスター・エックハルトと同じように、さまざまな物について語っており、物というこの名辞で、有るもの一般を言い表わしています。しかし、カントの場合、有るといえるものは、人間的自我の自己意識のうちで経過する表象して立てるはたらきに対立する物象、つまり対象となっています。物自体とは、カントの場合、対象自体なのです。「自体」という性格は、カントの場合、対象自体が、表象して立てる人間の側のはたらきかけと無関係に対立的物象である、という意味です。言いかえると、そもそも対象とは、「対向して」という関係によって、表象して立てる人間の側のはたらきかけに対してまずもって立つものですが、そうした「対向」の関係がおよそ欠けている場合、「自体」という性格が帰せられるのです。「物自体」とは、厳密にカント的に考えるなら、私たちにとって何ら対象ではない対象、[*46]を意味します。なぜなら、物自体という対象は、対向性格らしきものを何らもつことなく、物自体に応答する人間の表象して立てるはたらきに対して立つ、ということになっているからです。

哲学において用いられてきた「物」という名辞はすっかり使い古されており、その一般的な哲学上の意味にしろ、「ティング」という古高ドイツ語の意味にしろ、困難な立場に置かれている私たちの助けにはこれっぽっちもなりません。なにしろ私たちは、瓶の本質についてこれまで述べてきたことの本質由来[*47]を、経験し、また十分に思索しなければならないのですから。とはいえ他方で、次のことなら当たっていそうです。つまり、ティングという古語の用法のうち少なくとも一つ[*48]の意味要素だけは、すなわち「集約する」という意味ならば、さきほど私たちが考えていた瓶の本質に呼応するものがあるということ、これです。

瓶は物の一つである、と言う場合の、その物とは、古代ローマ人が言わんとしていたレスとは違いますし、中世的に表象されたエンスとも別であり、ましてや近代的に表象して立てられた対象とはおよそ異なっています[*49]。瓶が物であるのは、瓶が物化するかぎりにおいてです。物の物化のはたらきからはじめて、瓶という種類の現前的にあり続けるものが現前的にあり続けるはたらきも、出来事としておのずと本有化され、規定されるのです。

今日では、現前的にあり続けるものすべてが、同じように近く、かつ遠いのです。隔たりを欠いたものが支配しています。しかしながら、距離をどんなに短縮し除去したところで、近さは生じません。近さとは何でしょうか。近さの本質を見いだすために、私たちは、近くにある瓶を熟考しました。私たちは近さの本質を求めて、物としての瓶の本質を見いだしたのです。しかるに、瓶の本質を見いだすとき、私たちは同時に、近さの本質にも気づきます。物は物化します。物化しつつ、物は、大地と天空、神的な者たちと死すべき者たちを、やどり続けさせます。やどり続けさせつつ、物は、この四者をそれらの遠さにおいてたがいに親しく接近させます。親しく接近させるはたらきは、近づけるはたらきです。近づけるはたらきこそ、近さの本質にほかなりません。近さは遠さを近づけます。しかも遠さのままで、です。近さは遠さを保ちます。遠さを保ちつつ、近さは、その近づけるはたらきにおいて本質を発揮しています。そのようにして近づけつつ、近さは、みずから隠れるのですが、それでいて、それなりの仕方でこのうえなく近くにとどまるのです。

物は、近さが入れ物であるかのごとく、近さの「うちに」あるのではありません。近さは、物の物化のはたらきとしての近づけるはたらきをつかさどるのです。

物化しつつ、物は、一なる四者、つまり大地と天空、神的な者たちと死すべき者たちを、おのずから一なる四方界の織りなす単一性のうちにやどり続けさせます。

大地とは、建てつつ担うものであり、養いつつ[*50]実らせるものであり、はぐくむ水源や鉱石、植物や動物からなる全体です。

大地、と言うとき私たちはもう、四者[*51]の織りなす単一性のほうから、残りの三者をともに考えているのです[*52]。

天空とは、太陽の運行であり、月の推移であり、星々の輝きであり、一年の時節であり、昼の陽光、あけぼのとたそがれであり、夜の闇と明るみであり、天候の恵みと厳しさであり、雲の流れと深い青空です。

天空、と言うとき私たちはもう、四者の織りなす単一性のほうから、残りの三者をともに考えているのです。[*53]

神的な者たちとは、神聖な合図を送ってくる使者のことです。神的な者たちはひめやかにつかさどっており、そこから神がその本質のうちへと現われてきます。とはいえ神の本質は、現前的にあり続けるものと神とのいかなる比較も退《しりぞ》けるのです。

神的な者たち、という名を口にするとき私たちは、四者の織りなす単一性のほうから、残りの三者をともに考えているのです。[*54]

死すべき者たちとは、人間のことです。人間が死すべき者たちと呼ばれるのは、人間は死ぬことができるからです。死ぬとは、死を死として能《よ》くすることです。死ぬのは人間だけです。動物は生を終えるのみです。動物は、死を死としてみずからの前にも後にも持つということがありません。死は、無の聖櫃《せいひつ》です。[*55]というのも、いかなる観点においても決してたんなる存在者ではないもの、しかしそうはいっても本質を発揮しているもの、それどころか存在それ自身の秘密として本質を発揮しているもの、それが無だからです。死は、無の聖櫃として、存在が本質を発揮しているところを内蔵しています。

死は、無の聖櫃として、存在を守蔵する山脈なのです。私たちがいま、死すべき者たちを死すべき者たちと呼ぶのは——彼らのこの世の生が終わるからではなく、彼らが死を死として能くするからなのです。死すべき者たちは、存在を守蔵する山脈のうちで本質を発揮しつつ、ありのままに、つまり死すべき者たちとして、あるのです。死すべき者たちとは、本質を発揮しつつ存在としての存在へとかかわる間柄なのです。

これに対して、形而上学は、人間をアニマルとして、つまり生物・動物として表象します。ラティオつまり理性が、アニマリタスつまり動物性を徹底的につかさどるときでさえ、人間で有ることは、生および体験的生のほうからあくまで規定されています。理性的動物は、まずもって死すべき者たちに成らなければなりません。[*56]

死すべき者たち、と言うとき私たちは、四者の織りなす単一性のほうから、残りの三者をともに考えているのです。[*57]

大地と天空、神的な者たちと死すべき者たちは、おのずからおたがい一つの組になりつつ、一なる四方界の織りなす単一性にもとづいて、連関しつつ帰属しています。[*58] 四者のおのおのが、それぞれの仕方で、残る三者の本質を反照し返します。そのさい、おのおのがそれぞれの仕方で、四者の織りなす単一性の内部で、それぞれに固有な本性へと、おのれを反照し戻します。このように反照させるはたらきは、模像を描写することではありません。反照させるはたらきは、四者のいずれをも明け開きつつ、それらの固有な本質を、単一に織りなされる固有化のうちへ、おたがい組み合わせて、出来事として本有化するのです。出来事として本有化し－明け開くこうした仕方に応じて反照させつつ、四者のおのおのが、残る三者のいずれに対しても、おたがい組になって遣り合います。出来事として本有化しつつ反照させるはたらきは、四者のおのおのを、それらの固有な本性のうちへと自由に解き放つのですが、それでいて、その自由となったものたちを、それらの本質上の組み合わせの織りなす単一性のうちへ結びつけて拘束もするのです。

自由な広野へ結びつけて拘束する反照のはたらきとは、固有化の織り合わせるはたらきに支えられて、四者のおのおのがそれぞれ契りを結ぶさいの、仲立ちをする遊戯です。四者のいずれも、それぞれの分離された特殊なものにこだわって硬直するということはありません。むしろ、四者のおのおのは、それらの固有化の内部で、一つの固有な本性に向かって脱固有化されています。このような脱固有化する固有化のはたらきこそ、四方界の反照－遊戯〔Spiegel-Spiel〕にほかなりません。この反照－遊戯を仲立ちとして、四者の織りなす単一性がめでたく結ばれるのです。

大地と天空、神的な者たちと死すべき者たちの織りなす単一性を出来事として本有化するこの反照－遊戯のことを、世界〔Welt〕と名づけましょう。世界が本質を発揮しているのは、世界が世界すること〔welten〕においてです。この同語反復的な言い回しが言わんとしているのは、世界の世界するはたらきを、他なるものによって説明することも、他なるものにもとづいて根拠づけることもできない、ということです。それが不可能なわけは、私たち人間の思考のはたらきにそのような説明や根拠づけをする能力がないからではありません。むしろ、世界の世界するはたらきが説明不可能であり、根拠づけ不可能であるのは、原因とか根拠とかいったようなことが、世界の世界するはたらきにとってあくまで不適切にとどまる、ということによるのです。人間の認識作用がここで何らかの科学的説明を求めるやいなや、認識作用は、世界の本質を超出するどころか、世界の本質の下方へたちまち落ち込んでしまいます。科学的に説明しようとする人間の意志が、世界するはたらきの織りなす単一性の単純さにそもそも届くわけがないのです。個々ばらばらの現実的なものは相互のあいだで根拠づけられ説明されねばならぬ、とひとは思い込んでいますが、一なる四者がそのような個々ばらばらの現実的なものとしてのみ表象されるときには、この四者はその本質においてすでに窒息させられているのです。

173 四方界の統一は、四方化〔Vierung〕です。とはいえ、四方化は、四者を包括する役目を果たすべく、あとからはじめて四者に追加される、といった具合には全然なっていません。四者がいったん寄せ集められれば、あとはただ仲良く並んで立っているだけといった程度の結びつき方で、四方化が汲みつくされるということも決してありません。

四方化は、単一に織りなされてたがいに契りを結んだものを、出来事として本有化する反照‐遊戯として、本質を発揮しています。四方化が本質を発揮しているのは、世界の世界するはたらきとしてです。世界の反照‐遊戯は、出来事として本有化するはたらきの輪舞です。それゆえこの輪舞は、輪かざりよろしく四者をはじめて包み込みもするのではありません。輪舞とは、反照させては遊戯しながら組み合う、競技の輪《リング》〔Ring〕です。出来事として本有化しつつ、競技の輪は、四者をそれらの織りなす単一性の輝きのうちへと明け開くのです。きらめきつつ、競技の輪は、四者を固有化しては、それらの本質の謎のうちへとあまねく開け放ちます。そのように組み合う世界の反照‐遊戯の本質が集められた全体が、柔和さの競技会《ダス・ゲリング》[59]〔das Gering〕です。反照させ‐遊戯する競技の輪からなる、柔和さの競技会[60]において、四者は、単一でありながらそれぞれに固有であるみずからの本質に、しなやかに順応します。四者はそのようにしなやかに、世界しつつ従順に世界を組み合わせるのです。

しなやかな、鍛えぬかれた、よくしなう、従順な、軽やかな、といった言葉の意味は、古ドイツ語では、「リング〔ring〕」および「ゲリング〔gering〕」という語で言い表わされます。世界する世界の反照‐遊戯は、競技の輪からなる柔和さの競技会として、一なる四者の戦いを解いては[61]、四者を、その本質に固有な従順なもの、つまりその本質の柔和なもの〔das Ringe〕にします。柔和なものが競い合う柔和さの競技会の反照‐遊戯から、物の物化という出来事がおのずと本有化されるのです。

物は、四方界をやどらせ続けます。物は、世界を物化します。物はおしなべて、世界の織りなす単一さをしのばせるおりおりの風物のうちへ、四方界をやどらせ続けるのです。

物が、世界する世界から物の物化のはたらきにおいて本質を発揮するに任せるとき、私たちは、物としての物に思いを致しています。そんなふうに追想しつつ、私たちは、物の世界する本質がおのずと係わり合ってくることに身を任せています。そのように思索しつつ、私たちは、物としての物に呼ばれて[*62]います。私たちは――語の厳密な意味において――物的に‐制約されたものなのです[*63]。無制約的なものが総じて陥りがちな思い上がりを、私たちはとうに脱却しているのです。

物を物として思索するとき、私たちは物の本質を労《いた》わって、物が本質を発揮している領域へ導き入れます。物化のはたらきとは、世界を近づけるはたらき[*64]です。近づけるはたらきが、近さの本質なのです。私たちが物を物として労わるかぎりにおいて、私たちは近さを住みかとするのです。近さの近づけるはたらきこそ、世界の反照‐遊戯の本来的かつ唯一無比の次元にほかなりません。

距離をどんなに除去しても近さはいっこうに現われないので、隔たりを欠いたものが支配するようになっていきます。近さがいっこうに現われないまま、これまで述べてきたような意味での物は、物としては虚無化されたままです。では、いつ、またいかにして、物は物として有るのでしょうか。そのように私たちは、隔たりを欠いたものの支配のただなかで問うてきたのです。

いつ、またいかにして、物は物としてやって来るのでしょうか。物は、人間の作為に、よっては[*65]やって来ません。他方で、物は、死すべき者たちの明敏さなしにも[*66]やって来ません。そのような明敏さへ至るための第一歩とは、表象して立てること、すなわち科学的に説明することしかしない思考から退いて、思いを致し追想する思考のうちへ踏み入る、歩み戻り〔Schritt zurück〕です。

もちろん、ある思考から別の思考への歩み戻りは、たんなる態度変更ではありません。歩み戻りがそのようなものでは到底ありえないのは、およそ態度なるものが、態度変更の様式を含めて、表象して立てる思考の領圏に総じてとらわれたままだからです。もとより、歩み戻りは[*67]、たんに態度をとって身構える志向作用の領圏を離れ去っています。歩み戻りは、次のような語り応じ方のうちに滞在地をさだめます。つまり、世界の本質において世界の本質によって語りかけられ、この本質の内部でこの本質に応答して語る、そういう応接のかたちに、です。物が物として来着するためには、たんなる態度変更では何もなしえないのは、隔たりを欠いたもののうちで対象として今日まかり通っているものを、物へとただ切り換えてすますことなどできるわけがないのと同様です。

また、今日まかり通っている対象をむやみに忌避し、往年の古めかしい対象を内面的に―思い起こしたとしても、それによって物が物としてやって来るなどということもありません。往年の対象というのは、その当時は、物となる途上に、それどころか物として現前的にあり続けることの途上に、おそらくはあったのでしょうが。

物となるものは、世界の反照―遊戯の柔和さの競技会から、出来事としておのずと本有化されます。おそらくは不意に、世界が世界として世界するときはじめて、競技の輪はきらめくのです。そしてこの競技の輪から、大地と天空、神的な者たちと死すべき者たちの柔和さの競技会は、みずからの戦いを解いては[*68]、みずからの織りなす単一性の柔和なものとなるのです。

この柔和さの競技会に応じて、物化のはたらきそのものが、つましくも柔和なもの[*69]となり、おりおりの物が、柔和に目立たず、みずからの本質に従順となります。柔和であるのが物なのです。たとえば、瓶と腰掛け、小道と鋤《すき》がそうです。他方で、木と池、小川と山も、それなりの仕方に応じて物です。それなりの仕方でそのつど物化しつつ、鷺《さぎ》と鹿、馬と牛も物です。それなりの仕方に応じて物化しつつ、鏡とブローチ、本と絵、冠《かんむり》と十字架も物です。

しかし、柔和な物は、数においてもつましくわずかです。少なくとも、そこらじゅうに氾濫している同価値でどうでもよい対象が無数にあるのに比べれば、あるいは、一生物種にすぎない人間の頭数が膨れ上がって際限がないのに比べれば、そうです。

死すべき者である人間だけが、世界としての世界に住みつつ到達します。[*70] 世界にもとづいてつましくも柔和なもののみが、いつかは物となるのです。[*71]

訳注

＊1　ここから始まる「物」講演最初の七段落は、一九四九年成立の『ブレーメン講演』の原稿が一九五〇年に二度目に清書されたさい、第一講演「物」の本文から独立した「まえおき」として、連続講演全体の冒頭に置かれた。『ハイデガー全集』第七九巻の「編者後記」(GA79, 178) を参照。しかし、一九五〇年のミュンヘンでの講演にもとづく一九五四年刊の単行本『講演と論文』では、ふたたび第一講演と一緒にされ、一続きの論考「物」として収録された。以下の訳注では、『講演と論文』――全集版第七巻 (GA7) ではなく、本書の底本である単行本 (VA) ――所収の「物」と、全集第七九巻 (GA79) 所収の『ブレーメン講演』の「まえおき」、「物」とのテクスト上の相違を、なるべく注記するよう努めた。なお、必要に応じてドイツ語原文を併記した。

＊2　『講演と論文』のこの「遠さのいかなる可能性も除去することの頂点を〔Den Gipfel der Beseitigung jeder Möglichkeit der Ferne〕」は、『ブレーメン講演』では「一切の距離をことごとく除去することの頂点を〔Den Gipfel aller Beseitigung aller Entfernung〕」(GA79, 3) である。

＊3　『講演と論文』のこの箇所は、『ブレーメン講演』では次のように強調が付されていた。「しかし、もうずっと前から現に到来してしまっており、しかも、現に生起してしまっている当のもののほうは、見ていません」(vgl. GA79, 4)。

＊4　『講演と論文』のこの箇所は、『ブレーメン講演』では次のように強調が付されていた。「戦慄すべき

ものが、もう現に生起してしまっているのだとすれば」（vgl. GA79, 4)。

*5 『講演と論文』のこの強調（原文ではイタリック）は、『ブレーメン講演』にはない（vgl. GA79, 4)。

*6 『ブレーメン講演』では、ここまでが「まえおき」とされていた。

*7 『ブレーメン講演』では、これに続けて「これまでひとは、どれほど長いあいだ物を考察し、調査してきたことでしょう。どれほど多種多様に物を利用し、またおそらくは利用しつくしてもきたことでしょう。そのような利用という観点から、どれほどしつこく物を科学的に説明、すなわちその原因に還元してきたことでしょう。そんなふうに利用をもくろんで説明するという仕方で、人間はずっと前から物を取り扱ってきましたし、今でも依然としてそう取り扱っています。しかしそのさい、物を物として熟考するということはたえてありませんでした」とあり、かつ改行して「人間はこれまで……」から新しい段落が始まっている（GA79, 5)。『講演と論文』では、その部分がそっくり省略され、改行もされていない。

*8 「瓶」と訳したドイツ語は „der Krug“ である。これを「壺」と訳すと、把手のない東洋ふうの陶器を思い浮かべやすいので、避けることにする。ドイツ人になじみの食器を範例として——『存在と時間』での、ハンマーという工具を手がかりとする方式とはまた異なる——職人芸的な世界分析が、以下進められてゆく。

*9 「自立的な」という形容詞は、『ブレーメン講演』では „selbstständig“ だが（vgl. GA79, 5)、『講演と論文』では „selbständig“ となっている。

*10 『ブレーメン講演』では、これに続けて「のみならず、対象が対向的に立っている理由を、私たちの表象的に立てるはたらきにばかり帰したりしないで、対向的に立つことを、むしろ対象に固有の事柄として対象それ自身に私たちがゆだねる場合ですら、対象性のほうから物らしさを規定するわけには、やはりゆかないのです」とある（GA79, 5)。『講演と論文』では、この部分が省略されている。

*11 『講演と論文』のこの「しかし、それ自体で立つことは、その場合でも依然として、対象性のほうか

ら考えられています〔Aber das Insichstehen wird auch so immer noch von der Gegenständlichkeit her gedacht〕」は、『ブレーメン講演』では「それ自体で立つことはそのままなのですが、にもかかわらず、依然として対象性のほうから考えられているのです〔Das Insichstehen ist so noch und ist trotz allem immer noch von der Gegenständlichkeit her gedacht〕」である（GA79, 6）。

＊12　『講演と論文』のこの「製造とは独立に、それ自体で立っている瓶は、その固有な本性のうちへ集約されつつおのれを納めているはずです〔Losgelöst aus der Verfertigung, hat der für sich stehende Krug sich darein versammelt zu fassen〕」——全集版でも同様（GA7, 170）——は、『ブレーメン講演』では「製造とは独立に、瓶は、納めるはたらきをするという固有な本性のうちへおのずと集約されています〔Losgelöst aus der Verfertigung hat der Krug sich darein versammelt, zu fassen〕」である（GA79, 7）。コンマの打ち方が異なるため、文意も異なる。

＊13　『講演と論文』のこの「制作者〔Hersteller〕」は、『ブレーメン講演』では「制作して立てるはたらき〔Herstellen〕」である（GA79, 7）。

＊14　『講演と論文』のこの「あり、〔…〕ある〔*ist*〕」の強調は、『ブレーメン講演』にはない（GA79, 7）。

＊15　『講演と論文』のこの「制作して立てるはたらき〔Herstellen〕」は、『ブレーメン講演』では「制作者〔Hersteller〕」である（GA79, 7）。

＊16　『講演と論文』のこの「納めるはたらきをする瓶の部分を規定するための証拠として、瓶の空洞を引き合いに出したとき〔als wir uns auf die Leere des Kruges beriefen, um das Fassende an ihm zu bestimmen〕」は、『ブレーメン講演』ではあっさり「瓶の空洞を引き合いに出したとき〔als wir uns auf die Leere des Kruges beriefen〕」である（GA79, 8）。

＊17　『講演と論文』のこの強調は、『ブレーメン講演』にはない（vgl. GA79, 9）。

＊18　『講演と論文』のこの「決定的尺度を与える現実的なもの〔das Maßgebende Wirkliche〕」は、『ブ

レーメン講演』では「決定的尺度を与えるもの〔das Maßgebende〕」である（GA79, 9）。

＊19　『講演と論文』のこの「物の物性はあくまで隠され、忘れられたままです。物の本質は決して前面に現われません、すなわち、言葉にもたらされません。このことを、物が物としては虚無化されている、という言い方は意味しているのです」は、『ブレーメン講演』にはなく、「この場合、物の虚無化とは、物が物としては虚無的なままにとどまる、という意味です」のあと、すぐに「虚無化がかくも無気味であるのは」と続いている（GA79, 9）。

＊20　『講演と論文』のこの「物としてその物性において〔*als* Dinge in ihrer Dingheit〕」は、『ブレーメン講演』では「物として〔als Dinge〕」である（GA79, 9）。

＊21　『講演と論文』のこの強調は、『ブレーメン講演』にはない（vgl. GA79, 9）。

＊22　『講演と論文』のこの「物として思索に現われる〔als Dinge dem Denken zu erscheinen〕」は、『ブレーメン講演』では「物として現われる〔als Dinge zu erscheinen〕」である（GA79, 9）。

＊23　『講演と論文』では改行の判別が難しいが、『ブレーメン講演』ではここで改行されている（vgl. GA79, 10）。全集版『講演と論文』では改行されずに続いている（vgl. GA7, 173）。

＊24　『講演と論文』のこの強調は、『ブレーメン講演』にはない（vgl. GA79, 10）。

＊25　『講演と論文』のこの「たんなる液体となり、さらにそれが、物質の一般にどこにでもありがちな凝集状態の一つになってしまったのです」は、『ブレーメン講演』では「たんなる液体、つまり、物質の一般にありがちな凝集状態の一つになってしまったのです」である（GA79, 10）。

＊26　『講演と論文』のこの「二重の意味での納めるはたらきへと、しかも注ぎ出すはたらきへと、おのずと集約されているのです」は、『ブレーメン講演』では「二重の意味での納めるはたらきを、おのれのうちに集約し、しかもそれを、注ぎ出すはたらきへと集約しているのです」である（GA79, 10）。...versammelt sich in... と ...versammelt in sich... という in の位置の違いによる。

＊27『講演と論文』のこの「飲むための水やワインを、飲み物〔Er（=Trunk）〕は与えるのです」は、『ブレーメン講演』では「飲むための水やワインを、捧げることの全体〔Es（=Geschenk）〕は与えるのです」である（GA79, 11）。

＊28『講演と論文』のこの「その泉にやどり続けているのは、石の塊からなる岩盤であり、その岩盤にやどり続けているのは、大地の暗いまどろみです」は、『ブレーメン講演』では「その泉にやどり続けているのは、石の塊からなる岩盤であり、大地の暗いまどろみの一切です」である（GA79, 11）。

＊29『講演と論文』のこの強調は、『ブレーメン講演』にはない（vgl. GA79, 12）。

＊30『講演と論文』の手沢本には、この「やどり続けさせる〔verweilt〕」の箇所——動詞 verweilen の初出箇所——に、「やどり続けることへともたらす〔in das Verweilen bringen〕」と敷衍的説明が書き込まれている（GA7, 175, Anm. a）。

＊31『講演と論文』のこの「〔…〕捧げる純粋な集約化です〔...ist die reine schenkende Versammlung...〕」は、『ブレーメン講演』では「〔…〕捧げる純粋な集約化としてあります〔...ist als die reine schenkende Versammlung...〕」である（GA79, 13）。

＊32『講演と論文』のこの「今や〔jetzt〕」は、『ブレーメン講演』にはない（vgl. GA79, 13）。

＊33『講演と論文』のこの「思索された物の本質である物化のはたらきにもとづいて〔aus dem gedachten Wesen des Dinges, aus dem Dingen〕」は、『ブレーメン講演』では「物の本分たる物化のはたらきにもとづいて〔aus der Sache des Dinges, aus dem Dingen〕」である（GA79, 13）。

＊34『講演と論文』のこの「このさい思索された物の本質なるものが〔das jetzt gedachte Wesen dcs Dinges〕」は、『ブレーメン講演』では「ここで謂《い》うところの物の本質なるものが〔das jetzt gemeinte Wesen des Dinges〕」である（GA79, 13）。

＊35『講演と論文』のこの「本質事態が熟考される代わりに」は、『ブレーメン講演』では「事柄が熟考さ

れる代わりに」である（GA79, 13）。

＊36　『講演と論文』のこの「何らかの仕方で人びとの関心事となるもの、人びとに係わり合ってくるもの〔was den Menschen in irgendeiner Weise anliegt, sie angeht〕」は、『ブレーメン講演』では「何らかの仕方で人びとに係わり合ってくるもの〔was den Menschen in irgendeiner Weise angeht〕」である（GA79, 13）。

＊37　『講演と論文』のこの「エイロー〔*eirō*〕（レートス〔*rhētos*〕、レートラ〔*rhētra*〕、レーマ〔*rhēma*〕）」は、『ブレーメン講演』では「レエイン〔*rheein*〕、レーマ〔*rhēma*〕」である（GA79, 13）。

＊38　『講演と論文』のこの「、誰にも「まとわりつき」〔, ihn «hat»〕」は、『ブレーメン講演』にはない（GA79, 13）。

＊39　『講演と論文』のこの箇所「辞書を引くと、レス・アドウェルサエは不運、レス・セクンダエは幸運、と訳されています。なるほど、この訳は正しいでしょう。しかしながら、これらの言葉が、思索された言葉として語られたかぎりで言わんとしている事柄について、辞書はほとんど何も伝えてくれません」は、『ブレーメン講演』では次のようになっている。「しかしながら、辞書を引いても、レス・アドウェルサエは不運、レス・セクンダエは幸運、と訳されているだけです。これらの言葉が、思索された言葉として語られたかぎりで言わんとしている事柄について、辞書は何ごとも語ってくれません」（GA79, 14）。

＊40　『講演と論文』のこの「辞書に載っている語彙がじっさいに言葉として使われるとき、未展開のまま名ざされている事柄にひそむ本質事態をまずもって熟考すべし、と語源学はどのみち促されているのです」は、『ブレーメン講演』では「辞書類を含めて語源学というのは、思索することがあまりに少なすぎるのです」である（GA79, 14）。

＊41　『講演と論文』のこの「突発してくるもの、人間に係わり合ってくるもの〔ein aus sich Kommendes, den Menschen Angehendes〕」は、『ブレーメン講演』では「突発してきて人間に係わり合ってくるも

の〔ein aus sich kommendes den Menschen Angehendes〕」である（GA79, 14)。

*42『ブレーメン講演』には、次の脚注が付いている。「マイスター・エックハルト、説教五一番。フランツ・プファイファー編『一四世紀ドイツ神秘主義思想家著作集』第二巻『マイスター・エックハルト』ライプツィヒ、一八五七年、所収、一六九頁」(GA79, 15, Anm. 1)。

*43『ブレーメン講演』の脚注には、こうある。「説教四二番、前掲書、一四一頁」(GA79, 15, Anm. 2)。——なお、引用文中のドイツ語綴りがVAとGA79とで若干異なる。

*44『ブレーメン講演』では、この本文の箇所に「おそらくはアウグスティヌスを念頭に置いての」とカッコ内に編者注が付されている（GA79, 15)。（偽）ディオニュシウス・アレオパギタは、五〜六世紀頃に成立したギリシア語文献群の不詳の作者。『使徒行伝』に出てくるアテナイのアレオパゴス評議会の議員「ディオニュシオス」に擬された。キリスト教神秘思想の源流の一つ。『天上位階論』の天使論は有名。

*45『ブレーメン講演』の脚注には、こうある。「文字どおりではないが、意味上だいたいそう言っている。説教六三番、前掲書、一九九頁、および、二〇番、八六頁、を参照」(GA79, 15, Anm. 3)。——なお、引用文中のドイツ語綴りがVAとGA79とで若干異なる。

*46『講演と論文』のこの「私たちにとって何ら対象ではない対象」は、『ブレーメン講演』では「何ら対象ではない対象」である（GA79, 16)。

*47『講演と論文』のこの「本質由来〔die Wesensherkunft〕」は、『ブレーメン講演』では「事柄にそくした本質〔das sachliche Wesen〕」である（GA79, 16)。

*48『講演と論文』のこの強調は、『ブレーメン講演』にはない（vgl. GA79, 16)。

*49これに続けて、『ブレーメン講演』では「瓶が物の一つであるのは、対象としてではありません。制作して立てる作用に対してであれ、たんに表象して立てる作用に対してであれ、その対立的物象ではないのです」とある（GA79, 16)。『講演と論文』では省略されている。

＊50 『講演と論文』のこの「養いつつ〔nährend〕」は、『ブレーメン講演』では「近づけつつ〔nähernd〕」である（GA79, 17）。『講演と論文』のほうが適切と思われる。

＊51 『講演と論文』のこの「四者の〔der Vier〕」は、『ブレーメン講演』では「四方界の〔des Gevierts〕」である（GA79, 17）。

＊52 これに続けて、『ブレーメン講演』では「いやしくも私たちが考えているとすれば。〔, falls wir denken〕」とある（GA79, 17）。『講演と論文』にはない。

＊53 これに続けて、『ブレーメン講演』では「いやしくも私たちが考えているとすれば。」とある（GA79, 17）。『講演と論文』にはない。

＊54 これに続けて、『ブレーメン講演』では「いやしくも私たちが考えているとすれば。」とある（GA79, 17）。『講演と論文』にはない。

＊55 『講演と論文』のこの「それどころか存在それ自身の秘密として〔sogar als das Geheimnis des Seins selbst〕」は、『ブレーメン講演』では「すなわち存在それ自身として〔nämlich als das Sein selbst〕」である（GA79, 18）。

＊56 『講演と論文』のこの「理性的動物は、まずもって死すべき者たちに成らなければなりません〔Die vernünftigen Lebewesen müssen erst zu Sterblichen *werden*〕」は、『ブレーメン講演』では「理性的動物から、死すべき者たちが、まずもって生成しなければなりません〔Aus den vernünftigen Lebewesen müssen erst die Sterblichen werden〕」である（GA79, 18）。

＊57 これに続けて、『ブレーメン講演』では「いやしくも私たちが考えているとすれば。」とある（GA79, 18）。『講演と論文』にはない。

＊58 『講演と論文』のこの「おのずからおたがい一つの組になりつつ、一なる四方界の織りなす単一性にもとづいて、連関しつつ帰属しています〔...gehören, von sich her zueinander einig, aus der Einfalt des einigen Gevierts zusammen〕」は、『ブレーメン講演』では「おのずから一になりつつ、相互に連関して、一なる四方界の織りなす単一性に帰属しています〔...gehören, von sich her einig, in die Einfalt des einigen Gevierts zusammen〕」である (GA79, 18)。

＊59　『講演と論文』の手沢本には、この「柔和さの競技会」に次の書き込みがある。「四者の相互帰属が単一性を織りなしつつ組み合わせるはたらきの集約〔die Versammlung des einfaltenden Fügens des Zusammengehörens der Vier〕」(GA7, 182, Anm. b)。

＊60　『講演と論文』の手沢本には、この「柔和さの競技会」に次の書き込みがある。「まさにこれが集約して、戦うものにする――結びつつ束ねて拘束すること――しかしそれが解放する――開かれたものを――つまり自由な広野を――真に保つこと」(GA7, 182, Anm. c)。

＊61　『講演と論文』の手沢本には、この「戦いを解いては〔entringt〕」に「解放しては〔befreit〕」という書き込みがある (GA7, 182, Anm. d)。

＊62　『講演と論文』のこの「呼ばれて〔gerufen〕」は、『ブレーメン講演』では「襲われて〔betroffen〕」である (GA79, 20)。

＊63　『講演と論文』のこの「私たちは――語の厳密な意味において――物的に‐制約されたものなのです〔Wir sind - im strengen Sinne des Wortes - die Be-Dingten〕」は、『ブレーメン講演』では「私たちは、語の厳密な意味において物的に‐制約されたものなのです〔Wir sind die im strengen Sinne des Wortes Be-Dingten〕」である (GA79, 20)。

＊64　『講演と論文』の手沢本には、この「近づけるはたらき〔Nähern〕」に次の書き込みがある「ここに、世界の織りなす単一性がやどり続ける〔worin die Einfalt der Welt weilt〕」(GA7, 182, Anm. e)。

＊65　『講演と論文』のこの強調は、『ブレーメン講演』にはない (GA79, 20)。

＊66　『講演と論文』のこの強調は、『ブレーメン講演』にはない (GA79, 20)。

＊67　『講演と論文』のこの「もとより、歩み戻りは」は、『ブレーメン講演』では「これに対して、歩み戻りはそもそも」である（GA79, 20）。

＊68　『講演と論文』の手沢本には、この「戦いを解いては〔entringt〕」に次の書き込みがある。「みずからを解《ほど》いて、自由な広野へ放っては。――柔和さの競技会とは、おたがい解放し合うことへと――おたがい組み合うこと――四者の相互帰属へと――集約するはたらきのこと」（GA7, 183, Anm. f）。

＊69　『講演と論文』の手沢本には、この「つましくも柔和な〔gering〕」に次の書き込みがある。「目立たないもののうちに身を引くこと――簡素なもの〔sich im Unscheinbaren zurückhalten – das Schlichte〕」（GA7, 183, Anm. g）。

＊70　『講演と論文』のこの「世界としての世界に住みつつ到達します〔…erlangen wohnend die Welt als Welt〕」は、『ブレーメン講演』では「世界としての世界に住まうのです〔…erwohnen die Welt als Welt〕」である（GA79, 21）。

＊71　『講演と論文』ではこのあと、ミュンヘンでの「物」講演（一九五〇年六月六日）を聴いたハルトムート・ブフナー（一九二七―二〇〇四年）からの質問の手紙に対する、六月一八日付けのハイデガーからの返信の文面が「あとがき　若き一学生に送った書簡」として収録されている（VA, 176-179）。また、全集版『ブレーメン講演』の「物」には、「補遺」としてハイデガー自身のメモ書きが収録されている（GA79, 22-23）。本書では、どちらも割愛した。

建てること、住むこと、考えること

以下では、住むことと建てることについて考えてみましょう。この場合、建てることについて考えるからといって、建築思想を見つけ出すとか、ましてや、建築のルールを指図するとか、そういった不遜なことに挑むつもりはありません。以下で考えながら試みたいと思うのは、建築術や技術にもとづいて、建てることを描き出すことではまったくなく、建てることを追跡することで、およそ有るといえるあらゆるものが属している当の領域に遡ってゆくことです。

取り上げる問題は、次の二つです。1　住むとはどういうことか。2　建てることは、どこまで住むことに属しているか。

I

住むことに行き着くのは、建てることによってはじめてであるように見えます。建てることは、住むことを目標とするのだ、と。とはいえ、建物だからといって、すべて住宅だとは限りません。橋、飛行機格納庫、競技場、発電所は、どれも建物ですが、住宅ではありません。駅、高速道路、ダム、集会場も、すべて建物ですが、住宅ではありません。しかしながら、いま挙げた建物は、住むという私たちのいとなみの領域内にあります。住むことの領域はこれらの建物を越えて広がっており、その範囲が住宅に限られるということもないのです。トラックの運転手は、高速道路上をわが家のように運転しますが、そこに宿泊しているわけではありません。女性労働者は、紡績工場内でわが家のように働きますが、そこを住宅としているわけではありません。主任技師は、発電所内でわが家のように働きますが、そこに住んでいるわけではありません。いま挙げた建物は、人間に住みかを提供します〔behausen〕。人間は、そうした建物を住みかとする〔bewohnen〕のですが、しかし、そうした建物に住む〔wohnen〕のではありません。住むことが、宿泊場所を所有していることだけを意味するのであれば、です。なるほど、住宅難の今日では、それだけでもう安堵させられますし、ありがたい気持ちになります。住宅建築は、たしかに宿泊場所を保証してくれますし、それどころか、今日の住宅にも、しっかり仕切られ、管理しやすく、望ましい安い値段で、大気や陽光を採り入れるようにできているものはあるでしょう。しかし、住宅それ自体にもう、住むことが生起しているという保証が含まれているといえるでしょうか。とはいえ、先ほどの非住宅建築にしても、それなりに、人間が住むことに役立つ以上は、住むことにもとづいてあくまで規定されています。ならば、住むことは、どんな場合でも、一切の建てることに先立って、それをつかさどる目的だ、ということになりそうです。住むことと建てることは、おたがい目的と手段の関係にあるのだ、と。しかし、このことしか考えないかぎり、私たちは、住むことと建てることを、二つの別々の活動だと見なしています。

そのさい思い浮かべているイメージは、べつに間違っていません。しかし同時に私たちは、目的－手段－図式によって、本質的な関わりをさえぎって見えなくしてしまうのです。というのも、建てることは、住むための手段や方途にすぎないのではなく、建てることがそれ自身においてすでに、住むことだからです。こういったことを、誰が私たちに語るのでしょうか。住むことと建てることの本質をくまなく調べるうえでの規準を、そもそも誰が私たちに授けてくれるのでしょうか。何らかの事象の本質についての言い渡しが私たちにもたらされるのは、言葉のほうからです。ただしそれは、私たちが言葉自身の本質を尊重するとしての話ですが。その一方で、もちろん、言いたい放題ながらも弁舌巧みに語ったり書いたり、語られた内容を送ったりすることが、地球上のどこでも荒れ狂っています。人間は、自分自身があたかも言葉を造形する作家にして巨匠であるかのようにふるまっています。言葉というのはあくまで人間を支配する女主人であるというのに、です。おそらく、他の何にもまして、この支配関係の転倒が人間によって押し進められていることこそ、人間の本質を家郷的ならざるものに押し込めている当のものにほかなりません。念入りに語ることを重んずるのはよいことですが、しかしその場合にも、言葉をたんに一表現手段として使うかぎりは無駄なのです。私たち人間が、自分たちのほうから、語ることへ一緒に連れてゆくことのできるすべての言い渡しのうちで、言葉は最高のものであり、どこでも第一のものです。

では、建てる〔Bauen〕とは、どういう意味でしょうか。近代ドイツ語のバウエン〔bauen〕に相当する古高ドイツ語《buan》は、ヴォーネン〔wohnen〕つまり住むという意味です。この場合のヴォーネンは、留《とど》まる、滞在する、という意味です。バウエンという動詞の本来の意味、すなわちヴォーネンを、私たちは見失っています。隠された痕跡らしきものが、「隣人」という意味のドイツ語《Nachbar》には、なお保たれています。隣人《ナッハバール》とは、古くは《Nachgebur》《Nachgebauer》、つまり近くに住んでいる人、という意味なのです。動詞 buri, büren, beuren, beuron とは、住むこと、住む場所、という意味です。ところで、古語ブアン〔buan〕は、もちろん、建てる《バウエン》とは本来、住むこと《ヴォーネン》だと私たちに語っているだけでなく、同時に、この語によって名指されている住むことを、どのように考えなければならないか、の目配せを私たちに与えてくれます。住むということが話題にのぼるとき、私たちは、他の多くのふるまい方と並んで、人間が同じように遂行する態度ふるまいのことを思い浮かべるのがふつうです。われわれはこちらでは働き、あちらでは住むのだ、と。われわれはたんに住んでいるのではない、たんに住んでいるだけでは活動していないも同然だ、われわれは職業に就いたり、商売を営んだり、旅行してあちらこちらに一時的に住んだりするのだ、と。しかし、建てる《バウエン》とは、根源的には、住むという意味なのです。建てる《バウエン》という語がまだ根源的に語っているところでは、この語は同時に、住むことの本質がどれほど広範な射程を有しているか、を告げています。というのも、建てる《バウエン》、buan, bhu, beo は、«ich bin»〔「私がいる」〕、«du bist»〔「君がいる」〕、さらにはその命令形 bis, sei 等々の言い回しに出てくるドイツ語 «bin» に相当するものだからです。では、私がいる《イッヒ・ビン》、とはどういう意味でしょうか。「ビン」という語の由来をなす古語バウエンは、こう答えてくれます。「私がいる」《イッヒ・ビン》、「君はいる」《ドウ・ビスト》とは、「私は住む」《イッヒ・ヴォーネ》、「君は住む」《ドウ・ヴォーンスト》という意味だ、と。君がいる、私がいる、という場合のそのあり方、つまり私たち人間がこの地上に存在する仕方とは、ブアン〔Buan〕つまり住むことなのだ、と。人間であるとは、死すべき者としてこの地上に存在するということであり、つまり住むということなのだ、と。古語バウエンは、人間は、住むかぎりにおいて存在する、ということを語っているのです[*1]。他方で、バウエンという語には、同時に、世話する、面倒をみるという意味もあります。たとえば、畑を耕す《バウエン》とか、ブドウを育てる《バウエン》とかです。そのようなバウエンは、もっぱら保護するのみです。たとえば、おのずから果物を実らせる草木の成長を、保護するのです。世話する、面倒をみるという意味でのバウエンは、制作することではありません。これに対して、船や寺院の建造《バウ》では、作品そのものが一定の仕方で制作されます。バウエンはこの場合、面倒をみることではなく、打ち建てることです。バウエンのこの二つの仕方——面倒をみること、ラテン語では colere, cultura としてのバウエンと、建物を打ち建てること、aedificare としてのバウエン——は、本来のバウエン、つまり住むことの内実のうちに保たれています。住むこと《ヴォーネン》としてのバウエン、言いかえれば、この地上に存在することは、他方で、人間の日常経験からすれば、ドイツ語で巧みに表現されるように、最初からずっと「慣れ親しまれた《ゲヴォーント》〔gewohnt〕」ものなのです。ですから、この住むこと《ヴォーネン》としてのバウエンは、住むこと《ヴォーネン》が実際に遂行される多様な仕方の背後に、つまり面倒をみるとか、打ち建てるとかいった活動の背後に、退《しりぞ》きます。これらの活動は、あげくには、バウエンという名前、ならびにバウエンという事柄を、自分だけの権利だとして要求します。つまり、バウエンの本来の意味である住むこと《ヴォーネン》は、忘却されてしまうのです。

　この出来事はさしあたり、たんなる語彙の意義変遷の内部での一過程にすぎないように見えます。しかし、じつはこの出来事には、ある決定的なことが隠れひそんでいます。すなわち、住むことは、人間の存在としては経験されていないこと、住むことは、人間存在の根本動向だとは全然考えられていないこと、これです。

　言語が、バウエンという語の本来の意味である住むこと《ヴォーネン》を、いわば取り消してしまうということは、しかしながら、この原義が根源的なものだということを証《あか》ししています。というのも、言語にそなわる本質的な語の場合、その語によって本来語られていることは、うわべだけで言わんとされることのせいで、容易に忘れられてしまうからです。この過程の秘密を、人間はまだほとんど熟考していません。言語は、みずからが単純に、かつ高次に語ることを、人間から引き離してしまうのです。しかし、だからといって、言語の原初的な言い渡しは、口がきけなくなってしまうのではなく、沈黙しているだけです。人間は、もちろん、この沈黙に注意を向けることを怠るのですが。

しかしながら、言語がバウエンという語で語っていることに耳を傾けるなら、次の三つのことが聴き取れます。

1　建てる《バウエン》とは、本来、住む《ヴォーネン》ことである。

2　住むとは、死すべき者たちがこの地上に存在しているあり方のことである。

3　住むこととしての建てる《バウエン》ことは、作物の面倒をみることとしてのバウエン——と、建物を打ち建てることとしてのバウエンへと発展する。

143

この三重の事柄を熟考するなら、ある合図が聴き取れますし、次のことが記憶に留《とど》まります。つまり、建物を建てるとはその本質において何であるか、を十分に問うためには、いわんや事象にふさわしく決定するためには、いかなる建てることもそれ自体、住むことだということに、まずは思いを致さなくてはならない、と。私たちは、建てたから住むのではありません。そうではなく、私たちが建てるのは、また建てたのは、私たちが住むかぎりにおいて、すなわち、住む者として存在するかぎりにおいてなのです。

それにしても、住むことの本質は、どこに存するのでしょうか。もう一度、言語の言い渡しに耳を傾けましょう。古ザクセン語の《wuon》やゴート語の《wunian》は、古語バウエンと同じく、留まること、滞在すること、を意味します。ところで、ゴート語の《wunian》は、この留まることがどのように経験されるかを、いっそう判然と語っています。ヴニアン〔wunian〕とは、満ち足りていること、平和へと導かれ、平和のうちに留まること、を意味します。フリーデ〔Friede〕つまり平和という語は、ダス・フライエ〔das Freie〕つまり自由な広野、ダス・フリーエ〔das Frye〕という意味であり、フリー〔fry〕とは、損害や脅威から守られている――つまり何かに対して守られ、労《いた》わられている、という意味です。フライエン〔freien〕つまり自由にするとは、本来、労わる〔schonen〕という意味なのです。労わることはそれ自体、労わられるものに何もしない、ということだけに存するのではありません。本来的な労わることは、積極的な何かであり、それが生ずるのは、私たちが何かを前もってその本質においてそのままにしておくときです。つまり、私たちが何かをことさら匿《かくま》ってその本質[*2]へ戻してやるときであり、自由《フライエン》にするという語に沿って言えば、囲う〔einfrieden〕ときなのです。住むこと、平和《フリーデ》へと導かれることは、囲いをされて、ダス・フリーエのうちへ、すなわちあらゆるものを労わってその本質を発揮させる自由な広野《ダス・フライエ》のうちへ留まる、ということなのです。住むことの根本動向は、そのように労わることなのです。この根本動向が、住むことの広がり全体に貫通しています。住むことの広がり全体は、次のことに私たちが思いを致すなら、ただちに明らかとなることでしょう。つまり、住むことに人間存在は拠っているということ、しかもそれは、この地上に死すべき者たちが滞在するという意味においてそうだということ、これです。

しかし、「この地上に」というだけでもう、「この空の下に」ということです。どちらにも、「神的な者たちの見ているところに留まる」という含意があり、かつ「人間たちの相互共存に属しつつ」を含みます。根源的統一にもとづいて、大地と天空、神的な者たちと死すべき者たちの四者が、帰属して一つになるのです。

大地とは、仕えつつ担うもの、咲きつつ実るものであり、広がり渡って鉱石や水源の全体となり、立ち現われては植物や動物の全体となります。大地、と言うとき私たちはもう、残りの三者をともに考えていますが、しかし四者の織りなす単一性を熟考しているわけではありません。

天空とは、弧を描く太陽の運行であり、満ち欠けする月の推移であり、瞬《またた》く星々の輝きであり、四季とその移り変わりであり、昼の陽光、あけぼのとたそがれであり、夜の闇と明るみであり、快晴と悪天候であり、雲の動きと深い青空です。天空、と言うとき私たちはもう、残りの三者をともに考えていますが、しかし四者の織りなす単一性を熟考しているわけではありません。

神的な者たちとは、神聖な合図を送ってくる使者のことです。この者たちの聖なる主宰にもとづいて、神が現われて臨在するかと思えば、身を退けては隠れるのです。神的な者たち、という名を口にするとき私たちはもう、残りの三者をともに考えていますが、しかし四者の織りなす単一性を熟考しているわけではありません。

死すべき者たちとは、人間のことです。人間が死すべき者たちと呼ばれるのは、人間が死ぬことができるからです。死ぬとは、死を死として能《よ》くすることです。死ぬのは人間だけであり、しかも人間が、大地の上、天空の下、神的な者たちの見ているところに留まるかぎり、人間はたえず死につつあります。死すべき者たち、という名を口にするとき私たちはもう、残りの三者をともに考えていますが、しかし四者の織りなす単一性を熟考しているわけではありません。

四者の織りなすこの単一性のことを、四方界と名づけましょう。死すべき者たちが四方界に存在するのは、住んでいるからです。ところで、住むことの根本動向は、労わることです。死すべき者たちは、四方界を労わってその本質を発揮させる、という仕方で住んでいるのです。これに応じて、住みつつ労わることには、四重の仕方があります。

死すべき者たちが住むのは、大地を救うかぎりにおいてです。――救う〔retten〕という語を、ここでは古い意味に解しますが、その意味をレッシングはまだ弁《わきま》えていました。[*3] 救うことは、危機から脱出させるだけではありません。レッテンとは本来、何かを解放し、それに固有な本質を自由に発揮させる、という意味です。大地を救うとは、大地を利用し尽くすとか、ましてや骨を折らせて疲れさせるとかいったこととは、わけが違うのです。大地を救うことは、大地を支配したり、屈服させたりはしません。そんなことをし始めたら、無制限の搾取まであと一歩ということになってしまうでしょう。

　死すべき者たちが住むのは、天空を天空として受け入れるかぎりにおいてです。死すべき者たちは、太陽と月が進み行くに任せ、星々が軌道を動くに任せ、四季がおりおりの恵みや容赦なき仕打ちをするに任せます。夜を昼に変じたり、その昼を落ち着きのないせき立てに変じたりはしません。

　死すべき者たちが住むのは、神的な者たちを神的な者たちとして待ち望むかぎりにおいてです。希望を抱きつつ、死すべき者たちは、予期せざること[*4]を神的な者たちに差し出します。神的な者たちの来着の合図を待ちますが、その不在のしるしを見誤ったりはしません。死すべき者たちが、みずからの神々を作り出すことはなく、偶像にせっせと奉仕することもありません。災いにあってもなお、すり抜けていった安寧を待つのです。

　死すべき者たちが住むのは、死を死として能くするという自分自身の本質に連れ添って、この能力を用いる習わしに参入するかぎりにおいてです。かくして、まっとうな死が存在することになるのです。死すべき者たちに連れ添って死という本質を発揮させるとは、空無としての死を目標に据えることでは決してありません。終わりに盲目的に見とれて、住むことを陰鬱なものにすることでもありません。

大地を救い、天空を受け入れ、神的な者たちを待ち望み、死すべき者たちに連れ添うというかたちで、住むことは、四方界を四重の仕方で労わる出来事としておのずと本有化されます。労わるとは、四方界を保護してその本質を発揮させる[*5]、ということなのです。保護されるものは、匿《かくま》われなければなりません。では、住むことは、四方界を労わるとき、その本質をどこに安全にしまっておくのでしょうか。死すべき者たちは、このように労わることとしての住むことを、どのように成し遂げるのでしょうか。住むことが、大地の上、天空の下、神的な者たちの見ているところに、死すべき者たちとともに滞在する、ということだけ[*6]だったとしたら、死すべき者たちにそういうことはとても成し遂げられないでしょう。住むとは、むしろつねにすでに、物たちのもとでの滞在なのです。労わることとしての住むことが、四方界を安全にしまっておく場所とは、死すべき者たちが滞在しているところ、つまり物たちという場所にほかならないのです。

とはいえ、物たちのもとでの滞在とは、いま挙げた労わることの四重の仕方に付け加わる、五番目のものにすぎないのではありません。それどころか、物たちのもとでの滞在こそ、四方界における四重の仕方での滞在がそのつど統一的に成し遂げられる[*7]、唯一のあり方にほかならないのです。住むことが四方界を労わるのは、四方界の本質を物たちへ運び入れることにおいてです。しかし、物たち自身が四方界を匿うのは、みずからが物としてその本質[*8]のうちに委ねられているそのときのみです。このことはどのように起こるのでしょうか。死すべき者たちが、成育する物たちの世話をし、面倒をみることによってであり、生育することのない物たちを、ことさら打ち建てることによってです。面倒をみることと打ち建てることは、狭義の建てる《バウエン》ことです。住むことは、四方界を物たちのうちへ安全にしまっておくかぎりにおいて、そのように安全にしまっておくことでありながら、一種の建てる《バウエン》ことなのです。かくして私たちは、二番目の問題に歩を進めることになります。

II

建てることは、住むことにどこまで属しているでしょうか。

この問いに答えられたとしたら、私たちにすっきり分かってくることがあります。建てる《バウエン》とは、住むことの本質から考えて、本来何であるか、これです。では、物を打ち建てるという意味でのバウエンに話を限定して、こう尋ねてみましょう。つまり、建てられた物とは何か。何らかの橋を例にとって、つくづく考えてみることにします。

その橋は、川の流れの上に「軽やかに力強く」差し掛けられています[*9]。橋は、既存の両岸を結びつけますが、そればかりではありません。橋が懸かることで、両岸は、はじめて両岸として現われ出るのです。橋は、両岸をことさら相《あい》対峙させます。向こうの岸は、橋によって、こちらの岸に対してくっきり浮かび上がるのです。両岸は、陸地の無差別な境界線として川の流れに沿って続いている、というのでもありません。橋は、両岸と一緒になって、それぞれの背後に広がる岸辺の風景を、川の流れに結びつけます。橋は、川と岸と陸を、おたがい隣合わせの間柄にします。橋は、川のほとりの岸辺の風景としての大地を、取り集めるのです。そのようにして橋は、緑なす水辺に沿って、川の流れに連れ添うのです。橋脚は、川床《かわどこ》にどっしり据えられて、アーチの曲線を担い、川の水流を進むに任せます。水流が、静かに淀《よど》みなく流れ続けようとも、雷雨や雪解けで増水して天に逆巻《さかま》く激流となって橋脚に打ちつけようとも、橋は、天候とその移り気な本性に対して備えができているのです。橋が川面《かわも》を覆っているところでも、橋が川の流れを天空に配することに変わりはありません。橋は、川の流れをしばし受け止めて、アーチの門にいったん溜めては、そこからふたたび解き放つからです。

　橋は、川の流れを進むに任せると同時に、死すべき者たちに行く道を与えてやり、彼らが陸地をあちこち行き来できるようにします。橋が連れ添う仕方は、さまざまです。都会の橋は、宮殿地区から聖堂広場へ通じていますし、田舎町の川に懸かった橋は、荷車や馬車を周辺の村々に運び入れます。小川にひっそりと懸かった古い石橋は、収穫物を運ぶ車を畑から村へ向かわせますし、木材運搬車を野の道から街道へ運んでいきます。高速道路の橋は、最速の遠距離交通整備計画の道路網に組み入れられて、張り渡されます。橋は、たどたどしかったりせわしなかったりする人間の道行きに、つねに、それぞれ別々の仕方で、あちこち連れ添っては、向こう岸に渡らせます。そしてついには、死すべき者たちは、彼岸へと渡ってゆくのです。橋は、アーチには高いものも低いものもありますが、河川や峡谷を、跨《また》ぎ越えてゆきます。死すべき者たちが、橋の道という跨ぎ越えるもののことを、気に留めようと、忘れようと、そうなのです。つまり、死すべき者たちは、つねにすでに、最後の橋へ向かう途上にありつつ、平凡なことや災いを乗り越えて、神的な者たちによって救われることを、心底熱望しているのですが、そのことを気に留めようと、忘れようと、変わりないのです。橋は、跨ぎ越えて移り行きながら、神的な者たちの見ているところに、集めるのです。その場合、神的な者たちが現前的にあり続けることが、ことさら熟考され、たとえば橋の上の聖人像のように、目に見える形で感謝を捧げられることもあるでしょうし、その現前のありさまが立て塞がれたまま、それどころか押しのけられたまま、ということもあるでしょう。

橋は、橋なりの仕方で、大地と天空、神的な者たちと死すべき者たちを、かたわらに取り集めるのです。

取り集めることを、ドイツ語の古語では、「ティング〔thing〕」と言います。橋は――ここで特徴づけたように四方界を取り集めるかぎりでは――、一個の物〔Ding〕

148

なのです。いや、橋は、最初は本来、たんに一個の橋にすぎない、と言われるかもしれません。あとになってから、ほかのさまざまな事柄を表現することが、ときにはあったりもするのだ、と。そのような表現として、橋はシンボルに祭り上げられることもあり、たとえば、先ほど挙げられたような事柄を表わすシンボルになるのだ、と。しかし、橋は、それが真正の橋だとすれば、最初はたんなる橋であって、しかるのちにシンボルになる、というのでは決してありません。同様に、橋は、最初は一個のシンボルにすぎない、つまり厳密に解すると橋には属していない何かを表現するという意味でのシンボルでしかない、というのでもありません。橋を厳密に解するなら、橋が表現として現われるということは決してないのです。橋とは一個の物であり、それにほかならないのです。ほかならない、とはどういうことでしょうか。そういった物だからこそ橋は四方界を取り集める、ということです。

なるほど、私たちの考え方は昔から、乏しい前提から出発して物の本質を論ずることに慣れています。このことは西洋思想の流れの中で、次の帰結をもたらしました。つまり物は、知覚可能な性質をそなえた未知のXとして表象されるのです。この点から見た場合、なるほど、そういう物の取り集める本質にすでに属している当のもののすべてが、あとになって解釈を施されて付け加わった付属物というふうに、私たちには見えるのです。しかしながら橋は、一個の物でなかったとしたら、たんなる橋でもないことでしょう。

なるほど橋は、固有の種類の物です。というのも橋は、四方界に宿り場〔*Stätte*〕を許容する〔verstatten〕という、まさにそのような仕方で四方界を取り集めるからです。ところで、宿り場を空け渡す〔einräumen〕ことができるのは、それ自身一個の場所〔*Ort*〕であるようなものだけです。場所は、橋に先立ってすでに客体的に存在しているのではありません。たしかに、橋が立つ以前に、川の流れ沿いに、何かによって占められうる多くの位置〔Stellen〕が存在します。それらの位置の一つが場所として生じるのであり、しかもそれは、橋によってなのです。ですから、橋は、ある場所にはじめて立つに至るのではなく、橋自身のほうから、はじめて場所は成立するのです。橋は一個の物であり、四方界を取り集めるのですが、この場合、取り集めるのは、四方界に宿り場を許容する、という仕方においてです。この宿り場から、広場〔Plätze〕や道〔Wege〕が規定され、それらによって空間〔Raum〕が空け渡されるのです。

そういった仕方で場所である物たちが、あれこれの空間をそのつどはじめて許容します。「空間《ラウム》〔Raum〕」という語が名指している当のものを、その古い語義は語っています。
149
Raum, Rum とは、集落や村落のために開放された広場という意味です。ラウムとは、空け渡され、解放された何かであり、すなわち、境界であり、ギリシア語ではペラス[*10]〔*peras*〕です。境界とは、そこで何かが終わる地点ではなく、古代ギリシア人が認識していたように、境界とは、そこから何かがその本質を発揮し始める起点なのです。これと関連しているのが、概念規定つまりギリシア語のホリスモス〔*horismos*〕であり、これも境界という意味です。ラウムは、本質上、空け渡されたもの、境界に放ち入れられたものです。空け渡されたものは、そのつど許可されては継ぎ合わされます。つまり、ある場所によって、つまり橋という種類の物によって、取り集められるのです。したがって、あれこれの空間はその本質を、あれこれの場所から受け入れるのであって、空間「そのもの」から受け入れるのではありません。

場所として宿り場を許容する物たちのことを、ここで先回りして、建物〔Bauten〕と名づけましょう。それらがそう呼ばれるのは、打ち建てるという意味でのバウエンによって産み出されたものだからです。しかしながら、バウエンというこの産み出すはたらきが、いかなる種類のものでなければならないかを私たちが経験するのは、産み出すはたらきとしてのバウエンを、制作されるためにおのずと必要とする物たちの本質を、あらかじめ熟考してはじめてなのです。こうした物たちは、四方界に宿り場を許容する場所なのであり、そういう宿り場が、そのつど空間を空け渡すのです。この、場所としての物たちの本質には、場所と空間の関わりがひそんでおり、他方で、場所と、その場所に滞在する人間との関係がひそんでいます。それゆえ、今度は、私たちが建物と呼ぶこうした物たちの本質を明らかにしてみようと思います。その手がかりとすべく、次のことを手短に熟考することにします。

第一に、場所と空間は、いかなる関係にあるか。第二に、人間と空間の間柄は、いかなるものか。

橋は、一個の場所です。そのような物として、橋は、天空と大地、神的な者たちと死すべき者たちが放ち入れられる空間を、許容するのです。橋によって許容された空間は、橋から遠い、近いの違いはあれ、さまざまな広場を含みます。ところで、そのような広場は、一方から他方まで歩いてその間の距離が測れるような、たんなる位置として発端に置かれます。距離〔Abstand〕、ギリシア語ではスタディオン〔*stadion*〕と言いますが、これはつねに空け渡されており、しかもそれは、たんなる位置によってです。位置によってそのように空け渡されたものは、特有の種類の空間です。それは、距離として、スタディオンとして、スタディオンという語と同じ意味を表わすラテン語の「スパティウム〔spatium〕」であり、つまり間《あいだ》の空間〔Zwischenraum〕なのです。こうして、人間と物との近さと遠さは、たんなる隔たり〔Entfernung〕、つまり間の空間のあれこれの距離となりうるのです。たんにスパティウムとして表象された空間において、橋は今や、ある位置にあるたんなる何かとして現われるのですが、その位置はいつでも、何か別のものによって占められるか、たんに記号化されて置き換えられるか、されうるのです。そればかりではありません、間の空間としての空間のほうから、たんなる張り渡された広がりが、高さ、幅、深さに関して取り出されてくるのです。そのように引き出されたこの抽象的なもの、ラテン語で言うとアブストラクトゥム〔abstractum〕を、私たちは、三次元の純粋多様体として表象します。しかしながら、こうした多様体が空け渡すものは、もはや距離によって規定されてもいませんから、もはやスパティウムではなく、わずかにエクステンシオ〔extensio〕――延長――にすぎません。ところで、エクステンシオとしての空間は、もう一度引き出されて抽象化され、解析的‐代数的な関係となります。この関係が空け渡すものこそ、任意の多次元をそなえた多様体を純粋数学的に構築しうる可能性にほかなりません。この数学的に空け渡されたものが、空間「そのもの」と呼べるものなのです。しかし、この意味での空間「そのもの」は、あれこれの空間や広場を含んでいません。空間「そのもの」には、場所は、つまり橋という種類の物は、決して見いだせないのです。これに対して、逆に、場所によって空け渡された空間のうちに、間の空間としての空間がつねに存し、この間の空間のうちに今度は、純粋な延長としての空間が存する、ということならあります。スパティウムとエクステンシオがいつでも提供してくれるのは、物たち、ならびに物たちが空け渡すものを、距離、区間、方向に関して実測し、その度量を算定しうる可能性です。しかし、度数とその次元は、延長をもつあらゆるものに一般に適用可能だからといって、その理由だけでもう、数学的なものを用いて実測可能である空間や場所の本質にとっての根拠でもあるということは、まったくありません。そういえば、現代物理学でも、宇宙空間の空間的媒質は、動力学上の中心と解される物体によって規定される場という単位[*11]だとイメージされるようになりましたが、それがどこまで事象そのものに強いられてのことなのかは、ここでは究明できません[*12]。

私たちが日常的に通り抜ける空間[*13]は、場所によって空け渡されています。場所の本質は、建物という種類の物に基づいています。場所とあれこれの空間のこの関係、あれこれの空間と空間そのものの関係に注目すれば、人間と空間の間柄を熟考するための手がかりが得られることでしょう。

人間と空間ということが語られる場合[*14]、そうした話題の仕方は、あたかも人間が一方の側にあり、空間が他方の側にあるように聞こえます。しかし空間は、人間に対して向こう側にあるのではありません。空間は、外的対象でも内的体験でもありません。人間が存在して、そのほかに空間も存在する、というのではないのです。というのも、「人間」という言葉を私が口にして、この語で、人間的な仕方で存在する者、すなわち住むという仕方で存在する者のことを考えるとき、私がこの「人間」という語でいち早く名づけているのは、物たちのもとでの四方界における滞在だからです。たとえ、私たちがそれに関わって態度をとっている物が、手に届く近さにないとしても、私たちは物それ自身のもとに滞在しています。私たちが、遠くにある物をたんに——よくそう説かれますが——内的に表象すると、遠くにある物の代わりとして、当の物のたんなる表象が内面や頭の中に生じてくる、というふうにはなっていません。私たちが今——私たち全員が——ここに居ながらにして、ハイデルベルクの古い橋[*15]のことに思いを致すとき、かの場所に思いを馳せることは、ここに居合わせている人たちのたんなる体験などではありません。むしろ、いま名前の挙がった橋に思いを致すことがそれ自体で、その橋の場所までの遠さを跨ぎ越しているのだということが、この思いを致すことの本質には属するのです。私たちはここに居ながらにして、かの橋のもとにいるのであり、べつに意識の中の表象内容のもとにいるのではありません。それどころか、私たちはここに居ながらにして、川を渡るためのどうでもよい通路としてその橋を日常的に利用している人よりも、その橋、ならびにその橋が空け渡している当のもののずっと近くにいる、ということすらありうるのです。あれこれの空間にしろ、それと込みの空間「そのもの」にしろ、それらはいつもすでに空け渡されて、死すべき者たちの滞在に参入しているのです。空間が開かれるのは、人間の住むいとなみへと放ち入れられることによってです。死すべき者たちが存在するとは、彼らが住みつつ、物と場所のもとでの滞在にもとづいて空間を跨ぎ越しているということです。そして、死すべき者たちがその本質に見合って空間を跨ぎ越しているからこそ、彼らは空間を通り抜けることができるのです。とはいえ、私たちは通り抜けのさいに、かの跨ぎ越しをやめているのではありません。むしろ、私たちが空間を通り抜けているのは、いつもそのさい、近くや遠くにある場所や物のもとに不断に滞在しながら、すでに空間を持ちこたえているからなのです。私がこのホールの出口のほうに行くとき、私はすでにそこにいるのです。私がそこにいるというふうにして存在しているのでなかったら、私はそこへ行くことすらできないでしょう。私は、たんにここに、カプセルに閉じ込められたこの身体として存在するのでは決してありません。そうではなく、私は、そこにいるのであり、つまり空間をすでに跨ぎ越しているのであり、そのようにしてのみ空間を通り抜けることができるのです。

死すべき者たちが「自己の内へ向かう」ときでさえ、彼らは四方界への帰属を離れ去りはしません。私たちは——よくそう言われるように——自己自身のことを沈思黙考するとき、物のほうから自分自身へと立ち帰りますが、その場合でも、物たちのもとでの滞在を放棄することは一度もありません。それどころか、物との関わりを失って、落ち込んだ状態に陥ったときでさえ、この状態もあくまで、人間の状態である以上それであるところのもの、すなわち物たちのもとでの滞在、であり続けなかったとしたら、そうした物との関係喪失すら不可能になってしまうでしょう。こうした滞在が人間存在をすでに規定している場合にのみ、私たちがそのもとに存在している物が、私たちに語りかけてこないとか、私たちに係わり合ってくることはもはや何もないとかいったこともありうるのです。

153

人間と場所の関わりも、場所を介しての人間と空間の関わりも、住むことに拠っています。人間と空間の間柄とは、本質的に考えられた住むことであり、それ以外の何ものでもありません。

いま試みてきたような仕方で、場所と空間の関係を、ひいては人間と空間の間柄を、つくづく考えてみることで、私たちが建物と呼ぶ、場所としての物の本質にも光が当てられるのです。

橋は、そのような種類の物の一つです。この場所は、大地と天空、神的な者たちと死すべき者たちの織りなす単一性を、宿り場へ放ち入れますが、それは、宿り場を空間へ整えることによってです。場所は四方界を、二重の意味で空け渡します。[*16] 場所は、四方界の立ち入りを許し、かつ四方界を整えるのです。この両者、すなわち立ち入りを許すこと〔Zulassen〕としての空け渡すことと、整えること〔Einrichten〕としての空け渡すことは、共属し合っています。こうした二重の空け渡すこととして、場所は、四方界の保護〔Hut〕であり、その同系語〔Huis〕が告げているように、家〔Haus〕なのです。そういった場所という種類の物たちは、人間の滞在に住みかを提供します〔behausen〕。このような種類の物たちは、住みか〔Behausungen〕ではありますが、狭義の住宅〔Wohnungen〕では必ずしもありません。

そのような物を産み出すことが、建てることなのです。建てることの本質は、こうした物のあり方に応答することに拠っています。物は、空間を許容する場所です。建てることは、場所を打ち建てるがゆえに、空間を設立し、組み合わせることなのです。建てることは場所を産み出すがゆえに、場所の空間が組み合わされることによって、スパティウムおよびエクステンシオとしての空間も、建物の物らしい組み合わせ構造に、必然的に入ってきます。とはいえ、建てることが、空間「そのもの」を形成することは決してありません。直接的にも間接的にもないのです。しかしながら、建てることは、場所としての物を産み出すがゆえに、幾何学や数学よりも、あれこれの空間の本質および空間「そのもの」の本質由来の近くにあります。建てることが場所を打ち建て、その場所が四方界に宿り場を空け渡します。大地と天空、神的な者たちと死すべき者たちが帰属し合って織りなす単一性から、建てることは、場所を打ち建てるための指示を受け入れるのです。四方界から、建てることは、設立された場所によってそのつど空け渡されている空間を実測し、精確に測定するあらゆる計測のための規準を、引き受けるのです。建物は、四方界を安全にしまっておくのです。建物とは、建物なりの仕方で四方界を労わる物なのです。四方界を労わること、つまり、大地を救い、天空を受け入れ、神的な者たちを待ち望み、死すべき者たちに連れ添うという、四重の労わることが、住むことの単純な本質です。そうであってみれば、真正の建物は、住むことを特徴づけてその本

154

質を形づくり、この本質に住みかを提供するのです。

以上のように特徴づけられた建てることは、住むようにさせることの際立ったかたちです。それが実際にそうであるなら、建てることは四方界の言い渡しにすでに応答してしまっているのです。この応答に、どんな計画もあくまで基礎を置いており、その計画がこれはこれで、設計図面にそれに見合った区域を開くのです。

打ち建てるという仕方での建てる《バウエン》ことの本質を、住むようにさせることから考えようと試みるやいなや、私たちがいっそう判然と経験することがあります。建てることが遂行される仕方としての産み出すこと〔Hervorbringen〕は何に拠っているかです。ふつう私たちは、産み出すことを、それが実行された結果、出来上がった建築という成果がもたらされる活動、と解しています。産み出すことは、そうイメージできます。この理解にも正しいところはあるのですが、そうはいっても、こちらへと〔her-〕前に〔vor-〕もたらす〔bringen〕という意味での産み出すことの本質には、決して的中していません。というのも、建てるとは、四方界を、一個の物である橋というこちらへともたらし、その場所としての物を、すでに現前的にあり続けるものという前にもたらすことだからです。そしてそのときはじめて、この現前的にあり続けるものが、この場所によって空け渡されるのです。*17

産み出すことは、ギリシア語では、ティクトー〔*tiktō*〕と言います。この動詞の語

155

根tecから来ている名詞が、テクネー〔*technē*〕つまり技術です。テクネーは、ギリシア人にとって、芸術も手仕事も意味しません。そうではなく、何かをかくかくとして、またはしかじかとして、またはさらに別様に、現われるようにさせて、現前的にあり続けるものにする、という意味なのです。ギリシア人は、テクネー、つまり産み出すことを、現われるようにさせることのほうから考えるのです。そのように考えられるべきテクネーは、昔から、建築術の構造学的なものにおおい隠されています。テクネーは、今日なお、いっそう断然と、動力機械技術の技術的なものにおおい隠されています。しかし、建てるという仕方で産み出すことの本質は、建築術からも、土木工学建築からも、両者のたんなる繋ぎ合わせからも、十分には考えることができません。建てるという仕方で産み出すことを、根源的にギリシア的なテクネーの意味において、現われるようにさせることとしてのみ、私たちが考えようとする場合でも、この産み出すことを適切に規定することにはならないでしょう。現われるようにさせるとは、産み出されたものを、すでに現前的にあり続けているもののうちで現前的にあり続けるものの一種として差し出すことでしかないからです。

　建てることの本質は、住むようにさせることです。建てることの本質遂行は、場所を、その空間の組み合わせによって打ち建てることです。私たちは、住むことを能くするときにのみ、建てることができるのです。しばしの間、シュヴァルツヴァルト[*18]の一軒の家屋敷に思いを致してみましょう。その屋敷は、二〇〇年も前に、農民の住むことによって建てられたものです。大地と天空、神的な者たちと死すべき者たちを織り合わせて単一に、物へと放ち入れる力能のたゆみなき一途《いちず》さが、ここに家を築いたのです。その農家は、風をよけられる南向きの山腹、草地の間、泉の近くにあります。こけら葺《ぶ》きの屋根が、広々と張り出して、ほどよい傾斜で雪の重みに耐え、深々と下方まで伸びて、長い冬の夜の吹雪から部屋を護ります。家族全員の食卓の後ろには、十字架像を安置した一角が忘れずに設《しつら》えられています。産褥《さんじょく》と、死者の木——この地方では棺《ひつぎ》のことをそう呼びます——のために聖別された広間が、空け渡されて部屋をなしていて、一つ屋根の下に、さまざまな年代の住人が歳月を過ごしてきたことが刻印されています。それ自身住むことから発した手仕事が、さまざまな器具や足場をやはり物として用いて、その屋敷を建てたのです。

私たちは、住むことを能くするときにのみ、建てることができるのです。シュヴァルツヴァルトの屋敷を例に挙げたからといって、そういった屋敷を建てることへ回帰すべしとか、回帰できるとか言いたいわけでは断じてありません。そうではなく、既在している住むことの一例に即して、その住むことがいかにして建てることをなしえたか、をありありと思い描くことができるのです。

ところで、住むことは、死すべき者たちがそれに適《かな》って存在する、存在の根本動向です。おそらく、住むことと建てることについてつくづく考えるということの試みによって、いくらか明らかになったことがあります。建てることは住むことに属するということ、そして、建てることはその本質を住むことからどのように受け入れるか、です。住むことと建てることが、問うに値する謎と化し、考えるに値するような重要問題であり続けるとすれば、得たものは十分あったと言えるでしょう。

しかし、考えること自体も、建てることと同じ意味で、ただし別の仕方で、住むことに属しています。このことは、今回試みてきた思索の道に証しされているかもしれません。

建てることと考えることは、それぞれの仕方で、住むことにとって不可避です。他方、両者が、おたがい耳を傾け合うことなく、別々に切り離されて自分のことだけやっているかぎりは、どちらも住むことにとって不十分です。両者が耳を傾け合えるのは、建てることと考えることが、住むことに属しつつ、それぞれの境界内にとどまり、それぞれが、長きにわたる経験と絶え間ない修練の仕事場に由来することを弁《わきま》えるときなのです。

私たちは、住むことの本質をつくづく考えようと試みています。この道へと踏み出す次の一歩があるとすれば、次の問いになるでしょう。現代というこの憂慮すべき時代に、住むことに関して事情はどうなっているか、と。至るところで住宅難が話題になっていますし、それはもっともなことです。口にするばかりではなく、手を差しのべる人もいます。住宅を調達したり、住宅建築を促進したり、建築事業の全体計画を立てたりすることで、住宅難を取り除くことが試みられています。どんなに苛酷かつ猛烈に、どんなに妨害的かつ威嚇的に、住宅不足が続こうとも、住むことの真の困窮は、住宅不足のうちにまずもって存するのではありません。また、真の住宅難は、世界大戦と壊滅よりも古くからあり、地球上の人口増加や産業労働者の状態よりも古くからあります。住むことの真の困窮とは、死すべき者たちが、住むことの本質をいつになっても繰り返し探し求めていること、彼らが住むことをまずもって学ばなければならないこと、ここにあります。人間が真の住宅難を困窮そのものとしてはまだまだ熟考していないこと、まさにここに人間の故郷喪失が存しているとすれば、どうでしょうか。しかしそうはいっても、人間が故郷喪失を熟考するやいなや、すでにそれは悲惨ではもはやなくなっています。故郷喪失とは、正しく熟考され、よくよく心に留められるなら、死すべき者たちを住むことへと呼び入れる唯一の言い渡しなのです。

　ならば、死すべき者たちは、みずからの持ち前に与《あずか》って、住むことをその本質のまったきありさまへとおのずともたらそうと試みることによるのでなければ、この言い渡しに、どのように応答できるのでしょうか。死すべき者たちがそれを成し遂げるのは、住むことにもとづいて建て、住むことのために考えるとき、そのときなのです。

訳注

＊1　『存在と時間』でハイデガーは、「内存在〔In-Sein〕」という実存カテゴリーを導入するにさいして、「内《うち》」を表わすドイツ語の前置詞inが、古くは、innan- つまり「住む」、「滞在する」という意の言葉に由来すること、しかもその場合の»an«は、「私は何々に慣れ親しんでいる」、「何かの面倒をみる」という意味であったこと、を引き合いに出したうえで、こう述べる。「»bin«という表現は»bei«と連関している。»ich bin«〔私がいる〕とは、これはこれで、私は何かのもとに住み、滞在している〔ich wohne, halte mich auf bei...〕、つまり、かくかくの慣れ親しんだものである世界に住む、という意味なのである」(SZ, 54)。「存在する・居《い》る」とは「住む・滞在する」ことだとする語源解釈は、つとにハイデガーのこだわってきたところであった。

＊2　『講演と論文』第三版（一九六七年）の手沢本には、この「本質」の語に「本来固有のもの（本有化の出来事）」という書き込みがある (GA7, 151, Anm. a)。

＊3　レッシングにおける「救う〔retten〕」の意味合いについて、ブレーメン第四講演「転回」ではこう述べられている。「レッシングはこの「救う」という語を、正当化するという意味を強調した仕方で、なお用いています。つまり、正当で本質上の事柄のうちへ置き戻し、そのなかに保って守る、という意味で用いています」(GA79, 72)。ゴットホルト・エフライム・レッシング（一七二九―八一年）は、啓蒙期ドイツの文豪、思想家。宗教的寛容のあり方を描いた戯曲『賢人ナータン』は名高い。

＊4　『講演と論文』の手沢本には、この「予期せざること」に次の書き込みがある。「いつか急に「予期」させることが、やって来る――が、そのことによって（そのようなさせるはたらきによって）まだ隠された仕方で自制している」(GA7, 152, Anm. b)。

＊5　『講演と論文』第三版（一九六七年）の手沢本には、この「四方界を保護してその本質を発揮させる」に次の書き込みがある。「だが、拒絶する場合は、どうか。拒絶に従う――のみならず、拒絶に最も

固有な本有化するはたらきを、言づてにおいて示す――のだとすれば、それはいつか」（GA7, 153, Anm. c）。

＊6　『講演と論文』第三版（一九六七年）の手沢本には、この「だけ」に次の書き込みがある。「不明瞭だ。もはや存在論的差異はないのだから」（GA7, 153, Anm. d）。

＊7　『講演と論文』第三版（一九六七年）の手沢本には、この「本質」の語に「特有のこと――」という書き込みがある（GA7, 153, Anm. e）。

＊8　『講演と論文』第三版（一九六七年）の手沢本には、この「本質」の語に「固有な本性」という書き込みがある（GA7, 153, Anm. f）。

＊9　『講演と論文』第三版（一九六七年）の手沢本には、この一文に次の書き込みがある。「橋を懸けるとは、川の流れに、その両岸をつないで、ということである」（GA7, 154, Anm. g）。

＊10　『講演と論文』の手沢本には、この「ペラス」に次の書き込みがある。「アリストテレスでは、〔以下、ギリシア語〕トポスとは、取り囲んで広がっている物体の不動の境界のことである――つまり、トポスとは、動かすことのできない容器のことである」（GA7, 156, Anm. h）。全集版の編者注では、「『自然学』二一二a五以下」と指示されているが、正確な引用というわけではない。

＊11　「場という単位〔Feldeinheit〕」という言い方をハイデガーがしているのは、当時の物理学での素粒子論の隆盛を受けていると見られる。一九二九年にヴェルナー・ハイゼンベルク（一九〇一―七六年）らによって提唱された「場の量子論」を踏まえ、三五年に湯川秀樹（一九〇七―八一年）は核力を説明するために「中間子」の存在を理論的に唱えたが、四七年に宇宙線の中にパイ中間子が発見されてその理論の正しさがようやく実証され、四九年に湯川はノーベル物理学賞を受賞している。原子と真空によってではなく、空間と不可分の「場」という遍在する媒質の振動によって物質的世界を説明する素粒子物理学のことを、ハイデガーは一九五一年のこの講演で、「現代物理学」の動向として念頭に置いていたのであろう。

＊12　単行本の『講演と論文』では判然としないが、全集版の『講演と論文』ではここで改行されている(GA7, 158)。内容的にも改行したほうがよい。
＊13　『講演と論文』第三版（一九六七年）の手沢本には、この「私たちが日常的に通り抜ける空間」に「慣れ親しんだ「空間」」という書き込みがある（GA7, 158, Anm. i)。
＊14　「編訳者まえおき」でふれたように、この講演「建てること、住むこと、考えること」が行なわれたドイツ建築家協会の大会シンポジウムのテーマは「人間と空間」であった。それを意識し、かつ批評しつつ、ハイデガーは自分なりの空間論を展開しようとしているのである。
＊15　ドイツの古都ハイデルベルクの市街を流れるネッカー川に懸かるアーチ式の「古い橋《アルテ・ブリュッケ》」のこと。一八世紀末にこの石橋の建造を命じた選帝侯の名にちなんで「カール・テオドール橋」とも言う。対岸からこの橋を渡った先にハイデルベルク城がそびえる。
＊16　『講演と論文』第三版（一九六七年）の手沢本には、この一文に次の書き込みがある。「空け‐渡すとは――立ち入りを許すこと、整えること――備え‐付けることだ（宿り場を)」(GA7, 160, Anm. j)。
＊17　『講演と論文』第三版（一九六七年）の手沢本には、この一文に「こちらへと前にもたらして産み出す」という書き込みがある（GA7, 161, Anm. k)。
＊18　西南ドイツのフライブルク郊外に広がる山岳地帯「黒い森〔Schwarzwald〕」には、古民家の点在する風景が見られる。合掌造りを思わせる豪壮な屋根の下、大家族の暮らせる住居、家畜小屋、作業場、納屋等を擁する農家のたたずまいである。シュヴァルツヴァルトの僻村《へきそん》トートナウベルクに、ハイデガーがスキー用の山小屋を造って別荘としたのは有名。「技術とは何だろうか」には、「シュヴァルツヴァルトの荒れ果てた谷の製材場」の例が出てくる（本書九八頁)。

技術とは何だろうか

〔I〕*1

9
以下で私たちは、技術とは何だろうか、と問うことにします。この問いがたずさわるのは、ある道を拓《ひら》くことです。そのためには、その道に注目すること、個々の命題や題目に引っかかったりしないことが、何はさておき、得策です。この道は、思索の道の一つです。およそ思索の道というのは、どれだけ聞きとれるかの違いはあれ、尋常ならざる仕方で言語を通り抜けていくものです。私たちが、技術とは何だろうか、と問うのは、それによって技術との自由な関係を何かしら準備したいと願ってのことです。関係が自由であるといえるのは、その関係が私たちの実生活を技術の本質に対して開け放つときです。私たちが技術の本質に応答するなら、技術的なものを境界づけつつ経験することが私たちにできるようになります。

技術は、技術の本質と同じものではありません。たとえば木の本質を探し求める場合、気づかざるをえないことですが、木であるかぎりのどんな木もあまねく支配している当のものは、それ自身は木ではありません。つまり木の本質は、ほかの木と並んで見出される一本の木ではないのです。

ですから、技術の本質も、技術的なものとはまったく異なります。それゆえ、技術的

10

なものだけを思い浮かべたり、それのみにあくせくしたり、それに甘んじたり、それから逃れたりしているかぎり、技術の本質との関係を経験することは決してありません。私たちは至るところで、技術の鎖に繋がれて不自由なままです。情熱をこめて技術を肯定するにせよ否定するにせよ、そうです。しかしながら、私たちが最もみじめに技術に引き渡されているといえるのは、技術を中立的なものとして考察するときです。というのも、この観念は、私たち現代人がとりわけ信奉したがるものですが、技術の本質に対して私たちの目を完全に塞いでしまうからです。

　昔から、あるものの本質とは、それが何であるか、の当のもの、とされてきました。技術とは何だろうかと問うのは、それが何であるか、という本質を問うことです。この問いに答える二つの命題があることなら、誰でも知っています。一つは、技術とは目的のための手段である、もう一つは、技術とは人間の行ないである、これです。この二つの技術規定は属し合っています。というのも、目的を設定して、そのための手段を調達し、利用することは、人間の行ないだからです。技術とは何であるか、のその何には、製造すること、および道具、器具、機械を利用することが属しており、そのように製造され、利用されるもの自身が属しており、その道具類が役立てられる[*2]必要や目的が属しています。このように整えられた設備全体が、技術なのです。技術自体が、一種の設備であり、ラテン語で言うと、インストゥルメントゥム〔*instrumentum*〕つまり道具手段です。

このように、技術とは手段であり、人間の行ないである、とふつうは考えられています。それゆえ、このありがちな観念のことを、道具手段的かつ人間学的な技術規定と呼ぶことができます。

この規定の正しさを誰も否定しようとはしないでしょう。明らかにそれは、ひとが技術について語るとき眼前に思い浮かべる方向に正しく則《のっと》っているからです。それどころか、道具手段的な技術規定は、ものすごく正しくて、現代技術に関しても依然として当てはまるほどです。ひとは平生、現代技術は、それ以前の手仕事的な技術と比べて、まったく別のもの、それゆえまったく新しいものだと主張しますし、それも、ある意味では当然なのですが。タービン式の発電機を備えた発電所にしても、人間が設定した目的のために人間が作成した手段です。ロケット飛行機にしろ、高周波通信機器にしろ、目的のための手段です。もちろん、レーダー基地は、風向計よりずっと複雑にできています。もちろん、高周波通信機器を製造するには、技術的工業生産のさまざまな作業工程を組み合わせる必要があります。もちろん、シュヴァルツヴァルトの荒れ果てた谷の製材場は、ライン川の水力発電所と比較すれば、原始的手段です。

現代技術も目的のための手段であること、このことはあくまで正しいのです。それゆえ、道具手段的な技術観は、技術との正当な関係に人間を導くためのいかなる努力を

11

も、規定しています。技術を手段として適正な仕方で操作すること、ここにすべてが懸かっています。ひとは、技術を「精神的に掌中に収める」つもりだと豪語しています。技術を制御したがっているのです。制御しようとする意志は、技術が人間の支配には手に負えなくなりそうであればあるほど、それだけいっそう執拗なものとなります。

ところで、もし技術がたんなる手段ではないとしたら、技術を制御しようとする意志は、どういうことになるでしょうか。しかし私たちは、道具手段的な技術規定は正しい、とも言いました。確かにそうです。そうした正しい事柄は、目の前にあるものに即して、いつでも、何かしら当てはまることを確認します。しかしながら、この事実確認は、正しくあるためには、目の前にあるものをその本質において露呈させることを断じて要しません。そのような露呈のはたらきが生起するときにのみ、真なるものが出来事としておのずと本有化されます。それゆえ、たんに正しいだけでは、まだ真なるものとはいえないのです。真なるものがはじめて、その本質からして私たちに係わり合ってくるものとの自由な間柄へと私たちを導くのです。ですから、道具手段的な技術規定は正しいのですが、私たちに技術の本質をまだ明らかにしてはくれません。技術の本質に、あるいは少なくともその近くに到達するためには、私たちは、正しいものを通り抜けて、真なるものを探し求めなければならないのです。こう問わなければなりません。道具手段的なものとはそれ自身何であるか、と。手段や目的といったものは、何に属しているのか、と。手段とは、何かがその作用としてもたらされ、成果として得られる当のものです。作用を帰結させるもののことを、ひとは原因と呼びます。しかし、それを手段として他のものが作用としてもたらされるものだけが、原因であるのではありません。どのような手段を用いるかの決定基準となる目的もまた、原因とされます。目的が追求され、手段が使用され、道具手段的なものが支配的になるところでは、原因性、つまり因果性が支配しているのです。

12

　何百年も前から哲学では、原因には四種類ある、と説かれてきました。1　質料因〔causa materialis〕、つまり、たとえば銀の皿を製造するための材料、素材。2　形相因〔causa formalis〕、つまり、材料がかたどられる形式、形態。3　目的因〔causa finalis〕、つまり、どんな皿が必要かを形式と素材に関して規定する目的、たとえばお供えを捧げる儀式。4　作用因〔causa efficiens〕、つまり、できあがった現実の皿という作用結果をもたらす原因、たとえば銀の鍛冶《かじ》職人。手段としてイメージされる技術とは何であるか、が露呈してくるのは、道具手段的なものをこの四重の原因へ連れ戻すときです。

　では、因果性それ自体が、それが何であるかに関して謎に包まれているとしたら、どうでしょうか。なるほど、何百年も前から、四原因説は天から降ってきた明々白々な真理だとでもいわんばかりのありさまでした。それにしても、原因がちょうど四種類あるのはなぜか、と今や問うてみてもよいでしょう。今挙げた四原因の場合、そもそも「原因」とはどういう意味なのでしょうか。四原因をどこから規定すれば、それらの原因性格を統一して相互に帰属させることができるでしょうか。

この問いに私たちが乗り出さないかぎり、因果性も、それとともに、道具手段的ということも、またそれとともに、世に通用している技術規定も、あやふやで根拠のないままにとどまるのです。

昔から、原因は、作用をもたらすものだと考えられるのがつねでした。作用するとは、その場合、成果、作用結果という目標を達成する、という意味です。四原因の一つである作用因が、決定的基準となる仕方で、ありとあらゆる因果性を規定しているのです。そのはなはだしさたるや、目的因《カウサ・フィナリス》つまり終局目的性は、そもそも因果性にもはや数えられていないほどです。カウサ〔causa〕、カスス〔casus〕とは、落ちるという意味の動詞カデレ〔cadere〕に由来し、作用をもたらすもの、つまり何かがかくかくしかじかになるという結果をもたらすもの、という意味です。四原因説は、アリストテレスに遡ります。しかし、ギリシア思想の領域では、またギリシア思想からすれば、後代の人びとが「因果性」という観念や題目のもとに古代ギリシア人のうちに探し求めている一切のものは、作用するとか、作用をもたらすとかいったこととは、まったく関係がありません。私たちが原因と呼び、古代ローマ人がカウサと呼ぶものを、ギリシア人

13

は、アイティオン〔*aition*〕と呼びます。アイティオンとは、他のものを引き起こした責めを負うもののことです。四原因とは、引き起こした責めを負うこと〔Verschulden〕の相互に連関し合った四つの仕方なのです。このことは例を挙げて説明すれば、はっきり分かります。

銀は、それをもとに銀の皿が製造される原料です。銀は、このような素材（ヒュレー〔*hylē*〕）として、皿に関して、ともに責めを負っています。それをもとに皿が成り立っている原料が、皿にもたらされるのは、銀が責めを負うからであり、つまり銀のおかげです。しかし、お供え用の器具を引き起こした責めを負うのは、銀だけにはとどまりません。銀が責めを負うことで引き起こされた当のものが、皿として現われるのは、皿という姿かたちにおいてであり、ブローチや指輪という姿かたちにおいてではありません。つまり、お供え用の器具は、皿らしいものの姿かたち（エイドス〔*eidos*〕）が同時に責めを負うことで引き起こされるのです。銀は、皿という姿かたちがそこに放ち入れられる原料であり、姿かたちは、銀色のものがそのように現われる形態であり、この両者が、それぞれの仕方で、お供え用の器具に関して、ともに責めを負っているのです。

しかしながら、お供え用の器具に関して、ともに責めを負っているものとしては、とりわけ三番目の要因がまだ残っています。これは、皿をあらかじめ限定して、奉納と供物の領域に配する要因です。これによって、その皿は限定されて、お供え用の器具という境界に囲われます。境界を限定するものは、物を終わらせます。この終わりでもって、物は終止するのではなく、この終わりのほうから、物は、制作後にはできあがった完成品として始まるのです。この意味での終わらせるもの、完成させるもののことを、ギリシア語でテロス〔*telos*〕と言います。この語は、「目標」や「目的」と翻訳されることがあまりに多かったため、誤解されています。テロスは、お供え用の器具を引き起こした責めをともに負う素材および姿かたちを、引き起こした責めを負うのです。

最後に、できあがったお供え用の器具が眼前に準備されて横たわることに関して、ともに責めを負う四番目の要因があります。つまり、銀の鍛冶職人です。しかしそれは、鍛冶職人が、作用主体として、できあがったお供え用の皿を、何らかの作るはたらきの作用結果として、もたらすことによってでは決してありません。つまり、作用因としてでは決してないのです。

アリストテレスの原因論は、作用因という名称で呼ばれる原因を識別していませんし、それに対応するギリシア語の名前を用いてもいません。

鍛冶職人は、熟慮したうえで、引き起こした責めを負う上述の三つのあり方を取り集めます。熟慮することは、ギリシア語でレゲイン〔*legein*〕、ロゴス〔*logos*〕と言います。それは、アポパイネスタイ〔*apophainesthai*〕つまり出現へともたらすこと、に拠っています。鍛冶職人は、お供え用の皿が前へもたらされ、みずから拠って立つうえで最初の出発点を取得し、保持するゆえんとして、ともに責めを負っているのです。引き起こした責めを負う上述の三つのあり方が、お供え用の皿を産み出すことに対して出現するに至り、働き始める、その事実と仕方は、鍛冶職人の熟慮のおかげなのです。

それゆえ、お供えの器具が眼前に準備されて横たわることを支配しているのは、引き起こした責めを負う四つのあり方です。この四つは、おたがい異なっていながらも、相互に帰属し合っています。この四つをあらかじめ合一させているのは、何でしょうか。このの引き起こした責めを負う四つのあり方の協働は、どこで演じられるのでしょうか。この四つの原因の統一は、どこに由来するのでしょうか。この引き起こした責めを負うことは、ギリシア的に考えて、いったい何を意味するのでしょうか。

私たち現代人はえてして、引き起こした責めを負うことを、過《あやま》ちを犯すことだと道徳的に解するか、一種の作用というふうに解釈するか、のいずれかに傾きがちです。どちらの場合でも、のちに因果性と呼ばれることになる当のものの原初的意味へ至る道を塞いでしまいます。この道が開かれないかぎりは、そういう因果的なものに拠っている道具手段的なものとは本来何であるか、を観取することもできないのに、です。

引き起こした責めを負うことに関する今挙げた誤解を防ぐために、責めを負うこの四つの仕方を、引き起こされた当のもののほうから、判然とさせてみましょう。例に沿っていうと、この四つの仕方によって引き起こされるのは、お供えの器具としての銀の皿が眼前に準備されて横たわることです。眼前に準備されて横たわること（ヒュポケイスタイ〔*hypokeisthai*〕）が表わしているのは、現前的にあり続けるものが現前的にあり続けること、このことです。引き起こした責めを負う四つのあり方は、何かを、現われることへもたらします。この四つは、その何かを出来《しゅったい》させて、現前的にあり続けるようにさせるのです。それらは、現前へと解き放ち、その来着が成就するように始動させるのです。引き起こした責めを負うことは、このように来着するよう始動させるという根本動向をもっています。そのように始動させる〔Anlassen〕という意味で、引き起こした責めを負うことは、始動のきっかけとなること〔Ver-an-lassen《フエアーアンーラッセン》〕です。引き起こした責めを負うこと、つまりアイティア〔*aitia*〕ということでギリシア人が経験したことにまなざしを向けることで、今や私たちは、「始動のきっかけとなる」という語に、より広い意味を与えることにしましょう。この語が、ギリシア的に考えられた因果性の本質を言い当てるように、です。これと違って、ドイツ語でふつう《Veranlassung》と言えば、「誘因」という狭い意味で用いられ、刺激、誘発といった程度のことしか意味しませんし、因果性全体のなかでの一種の副次的原因を指すにとどまります。

　ところで、始動のきっかけとなる四つのあり方の協働は、どこで演じられるのでしょうか。この四つは、いまだ現前的であらざるものが現前的にあり続けることへ来着するようにさせます。したがって、この四つは、何らかのもたらすはたらきによって、統一的にあまねく支配されているのであり、それによって、現前的にあり続けるものは、出現へともたらされるのです。このもたらすはたらきとは何であるかを、プラトンは『饗宴』中の一文（二〇五b）で述べています。いわく、ヘー・ガル・トイ・エク・トゥー・メー・オントス・エイス・ト・オン・イオンティ・ホトーイウーン・アイティア・パーサ・エスティ・ポイエーシス[*3]〔*hē gar toi ek tou mē ontos eis to on ionti hotōioun aitia pasa esti poiēsis*〕。

「現前的であらざるものから、現前的にあり続けることへと、たえず移り行き、成り行くものにとっての、始動のきっかけとなるあらゆるもの、これこそがポイエーシス〔*poiēsis*〕、つまりこちらへと前にもたらして産み出すことなのです」。

こちらへと前にもたらして産み出すこと〔Her-vor-bringen〕を、その全幅の広がりにおいて、と同時にギリシア人の解した意味において考えること、ここにすべてが懸かっています。こちらへと前にもたらして産み出すこと、つまりポイエーシスは、手仕事的な製造にはかぎられませんし、輝かせて‐形象にもたらす芸術的‐詩作的な営みにもかぎられません。ピュシス〔*physis*〕、つまりおのずから現われ出ることも、こちらへと前にもたらして産み出すことであり、ポイエーシスなのです。それどころか、ピュシスこそ最高の意味でのポイエーシスにほかなりません。というのも、本性《ピュセイ》からして〔*physei*〕現前的にあり続けるものは、こちらへと前にもたらして産み出すという開き現われ方を、たとえば花のつぼみが開いて花盛りになることを、それ自身の内に〔エン・ヘアウトーイ〔*en heautōi*〕〕持っているからです。これに対して、手仕事的、芸術的にこちらへと前にもたらして産み出されたもの、たとえば銀の皿は、こちらへと前にもたらして産み出すという開き現われ方を、それ自身の内には持っておらず、他のものの内に（エン・アッローイ〔*en allōi*〕）、つまり職人や芸術家の内に持っています。

始動のきっかけとなる四つのあり方、つまり四原因は、したがって、こちらへと前にもたらして産み出すはたらきの内部で演じられています。この産み出すはたらきによって、自然に生育するものも、手仕事によって製造されたものも、芸術によって製造されたものも、それぞれ出現するに至るのです。

では、自然においてであれ、手仕事や芸術においてであれ、こちらへと前にもたらして産み出すことは、どのように生ずるのでしょうか。始動のきっかけとなる四重のあり方が演じられる、こちらへと前にもたらして産み出すこととは、何でしょうか。始動のきっかけとなることは、こちらへと前にもたらして産み出すことにおいてそれぞれ出現に至るものが現前的にあり続けることに、係わり合っています。こちらへと前にもたらして産み出すことは、隠されたさまのほうから、隠れなき真相〔Unverborgenheit〕へと、前にもたらします。こちらへと前にもたらして産み出すことがおのずと本有化されるのは、隠されていたものが、隠れもなく真であるものに至るかぎりにおいてのみで

16 す。この真に至ることは、われわれが顕現させること〔Entbergen〕と名づけるものに拠っており、そのうちを揺れ動きます。ギリシア人は、これを表わすアレーテイア〔*alētheia*〕という言葉をもっていました。ローマ人はこのギリシア語を、「ウェリタス〔veritas〕」というラテン語に訳しました。私たちは「真理〔Wahrheit〕」ということを語り、それをふつう、表象作用の正しさという意味に解しています。

〔II〕

私たちは道をまちがってどこに迷い込んでしまったのでしょうか。私たちは、技術とは何だろうかと問うているはずが、気がつくとアレーテイアに、つまり顕現することにたどり着いています。技術の本質が、顕現させることと何か関係があるのでしょうか。答えはこうです。関係は大ありだ、と。というのも、こちらへと前にもたらして産み出すことはいずれも、顕現させることにもとづくからです。ところで、この産み出すことは、始動のきっかけとなること——因果性——の四つのあり方を、みずからのうちに取り集め——、しかもそれらをあまねく支配しています。この因果性の領域に、目的と手段は属しており、道具手段的なものも属しています。道具手段的なものこそ、技術の根本動向だと見なされているのです。手段として表象されている技術とはそもそも何であるか、と一歩一歩問い進めてきた結果、私たちは、顕現させることへ行き着いたのです。制作し製造するどんな可能性も、顕現させることに拠っているのです。

ですから、技術とはたんに手段ではありません。技術とは、顕現させるあり方の一つ[*4]なのです。この点に注目すれば、技術の本質のためのまったく別の領域が、私たちに開かれてきます。それが、顕現させること、すなわち真相・真理という領域なのです。

こういった見通しは、いぶかしく思われます。じっさい、そう思われて当然ですし、できるだけ長く、またしつこく、そう思われて当然なのです。そのあげくには、「技術〔Technik〕」という名前で語られているのはいったい何か、という率直な問いを、私たちが一度でもまじめに受け止めるようになるためにも、です。技術《テヒニーク》という語は、ギリシア語に由来します。テクニコン〔*technikon*〕とは、テクネー〔*technē*〕に属しているもの、という意味です。テクネーという名詞の語義に関して、注意しなければならない点が二つあります。一つは、テクネーは、手仕事的なことを行なったり、それができたりすることを表わすばかりではなく、高次の技芸や造形芸術も表わす、という点です。テクネーは、こちらへと前にもたらして産み出すことに、つまりポイエーシスに属するのです。それは、創作《ポイエーシス》的な何かなのです。

もう一つ、テクネーという語に関して熟考すべきことがあり、こちらのほうがもっと重要です。テクネーという語は、初期ギリシアからプラトンの時代までずっと、エピス

17

テーメー〔*epistēmē*〕という語と連関しています。どちらの語も、最も広い意味での認識を表わす名詞です。どちらも、何かの事情に通じている、何かをよく心得ている、という意味です。認識は解明を与えます。解明するものである以上、認識は、顕現させることの一種なのです。アリストテレスは、ある格別に優れた考察のなかで（『ニコマコス倫理学』第六巻第三、四章）、エピステーメーとテクネーを区別しています。しかも、両者が何を顕現させ、いかに顕現させるか、という点で対比しています。テクネーとは、アレーテウエイン〔*alētheuein*（真理をあばくこと）〕のあり方の一つなのです。テクネーによって顕現させられるものとは、自分でみずからを、こちらへと前にもたらして産み出すわけではなく、まだ眼前に存していないもの、それゆえ、かくかくの姿かたちをとるという結果に終わることも、しかじかの姿かたちをとるという結果に終わることもありうるもの、です。家を建てる人、船を建造する人、お供え用の皿を鍛造する人は、こちらへと前にもたらして産み出すべきものを、始動のきっかけとなる四つの仕方に照らして顕現させるのです。このように顕現させることは、船とか家とかの姿かたちと材料を、前もって取り集めては、申し分なく観取されて仕上がった物にするのであり、そこからして製造の仕方を規定するのです。それゆえ、テクネーの場合に決定的なことは、作ることや取り扱うこと、手段を利用することに存するのでは決してなく、今述べたような顕現させることに存するのです。製造するからではなく、顕現させせ

18

るからこそ、テクネーは、こちらへと前にもたらして産み出すことの一種なのです。

以上、テクネーという語が何を意味するか、また、この語で名指されているものをギリシア人がどのように規定しているか、を参照してきました。すると私たちは、道具手段的なものはそれ自身として本当のところ何であるか、という問いを追跡したときに私たちに立ち現われてきたのと同じ連関にたどり着くのです。

技術とは、顕現させるあり方の一つです。技術が本質を発揮している領域とは、顕現させることと隠れなき真相、アレーテイア、真理が生起する領域なのです。

技術の本質領域をこのように規定することに対しては、こう異論が唱えられるかもしれません。なるほどそれは、ギリシア思想に関しては当てはまるだろうし、うまくいけば、手仕事的な技術の場合にも通用するかもしれないが、しかし現代の動力機械技術には該当しない、と。そして、まさにこの現代の技術が、もっぱらそれのみが気がかりの種だからこそ、私たちは、技術「そのもの」とは何だろうか、と問わずにいられないのです。現代技術は、従来のすべての技術とは比較にならないほど別種の技術であって、なぜかといえば、近代精密自然科学に拠ったものだからだ、と言われます。ところが他方で、その反対が当てはまることも、以前に増して認識されるようになりました。つまり、近代物理学は、実験物理学としては、技術的装置類ならびに装置製作の進歩に差し向けられ、それに依拠しているのです。技術と物理学のこの相互関係を確認するのは、正しいことです。しかしそれは、たんなる歴史学的な事実確認でしかなく、この相互関係が何に基づくのかについては、何も語っていません。何といっても、決定的な問いが残っています。つまり、精密自然科学を利用することをあみ出すことができるような現代技術とは、いかなる本質をもつものなのでしょうか。

現代技術とは、何でしょうか。それもまた、顕現させることの一種なのです。この根本動向にまなざしをじっくり注ぐときにはじめて、現代技術のどういった点が新式なのかが明らかになってきます。

ところで、現代技術をあまねく支配している顕現させることが、おのずと展開していくと、ポイエーシスという意味でのこちらへと前にもたらして産み出すことになる、ということはありません。現代技術において支配をふるっている顕現させることは、一種の挑発すること〔Herausfordern〕です。つまり、自然をそそのかして、エネルギーを供給せよという要求を押し立て、そのエネルギーをエネルギーとしてむしり取って、貯蔵できるようにすることです。しかし、このことなら、昔ながらの風車にも当てはまるのではないか。いや、そうではありません。風車のつばさは、たしかに風で回りますし、風が吹くがままにじかに任せられています。しかし風車は、気流のもつエネルギーを開発して、そのエネルギーを貯蔵する、などということはしません。

これと違って、ある地域が挑発されて、石炭や鉱物が採掘されるようになります。今や、地表が顕現させられて炭鉱地区となり、土地は鉱床地帯となります。畑の様子も一変します。かつて農夫が畑を耕していたときの、その耕すこと《ベシュテレン》〔bestellen〕はまだ、世話する、面倒をみる、という意味でした。農夫のこの営為は、耕地をべつに挑発しません。穀物の種を播《ま》いては、種子の生育力にゆだね、その生長を見守るのです。しかしいつしか、土地耕作も、自然をかり立てる別の種類のベシュテレン〔Bestellen〕、つまり徴用して立てることに吸い込まれてしまいました。こちらのベシュテレンは、挑発するという意味で自然をかり立てるのです。農業は今や、機械化された食糧産業なのです。大気は窒素の放出に向けてかり立てられ、土地は鉱物に向けて、鉱物はたとえばウランに向けて、ウランは原子力に向けてかり立てられます。その原子力は、破壊または平和利用のために放出されうるのです。

　自然エネルギーを挑発するこのかり立てることは、二重の意味において促進すること〔Fördern〕です。それが促進するのは、開発し、挑発することによってです。しかしながら、この促進はあくまで、別のものを促進することに向けて、すなわち、最小の費用で最大限の効用が得られるように前へ押し進めてゆくことに向けて、あらかじめ派遣して立てられています。炭鉱地区で採掘の形で促進された石炭は、たんにそもそもどこかに客体的に存在するために、かり立てられるのではありません。石炭が層をなして存在しているとは、石炭の中に貯蔵された太陽の暖かさを徴用すべく位置についている、ということなのです。太陽の暖かさは熱に向けて挑発され、熱は蒸気を供給することへ徴用され、蒸気圧が伝動装置を駆動させ、それによって工場が操業を続けることができるのです。

水力発電所が、ライン川に立て置かれています。発電所は川の流れを水圧へとかり立て、水圧はタービンをかり立てて回転させ、その回転によって稼働する機械の伝動装置が、電流を作り出します。その電流のために長距離送電所および電力輸送用の送電網が徴用して立てられているのです。電力の徴用がこのように相互に絡み合って順番に並んでいる領域にあっては、ライン川も、徴用して立てられたものとして現われます。水力発電所がライン川に建てられているさまは、何百年も前から岸と岸とをつないできた昔ながらの木造の橋とは異なっています。むしろ、川の流れは発電所のうちへ立て塞がれています。川が川として今現に何であるかといえば、要するに水圧供給係なのですが、そのことは発電所の本質から来ているのです。ここで支配をふるっている途方もないことを、わずかに遠目にであれ推し量るために、ほんの一瞬だけ、次の二つの題目に言い表わされている対立に注目することにしましょう。つまり、発電所〔*Kraftwerk*〕のうちへ立て塞がれている「ライン川」と、ヘルダーリンの同名の讃歌という芸術作品〔*Kunstwerk*〕に歌われている「ライン川」。いや、ライン川は——と反論されるかもしれません——景観を形づくる川であり続けるのではないか。なるほどそうかもしれませ

20

ん。しかし、どのようにしてでしょうか。余暇産業に徴用して立てられ、そこに押しかけた団体旅行客が観光するのに絶好の徴用可能な対象として、にほかなりません。

　現代技術をあまねく支配している顕現させることは、挑発するという意味でかり立てる性格をもっています。このことが生じるのは、自然のうちに秘め隠されたエネルギーが開発され、開発されたものが変形させられ、変形させられたものが貯蔵され、貯蔵されたものがふたたび分配され、分配されたものがあらためて変換されることによってです。開発する、変形する、貯蔵する、分配する、変換するとは、顕現させるさまざまなあり方なのです。しかしこのことは、単純に進行するのではありません。推移するうちに漠然としたものになるわけでもありません。顕現させることはみずからに、何重にも入れ子式になった固有の進路を顕現させるのであり、しかもこの進路を操縦することによってです。この操縦それ自身が、これはこれで、至るところで保障されるのです。それどころか、操縦と保障は、挑発して顕現させることの主要特徴となるほどです。

　では、挑発してかり立てることによって成立するものには、いかなる種類の隠れなき真相が固有なのでしょうか。至るところでそれは、その場その場に整列するように徴用して立てられており、それも、さらなる徴用して立てることのためにそれ自身が徴用可能となるように、整列させられています。そのように徴用して立てられたものは、固有の存立状態〔Stand〕をもっています。これを、徴用して立てられた物資、つまり徴用《ベシュ》物資《タント》〔Bestand〕と名づけましょう。ベシュタントという語はこの場合、たんなる「たくわえ」以上を意味しますし、それよりも本質的な意味をもっています。「ベシュタント」という語は今や、称号のような地位に出世するのです。この語が表示するのは、挑発して顕現させることに見舞われているものすべてが、現前的にあり続けるそのあり方にほかなりません。徴用物資《ベシュタント》という意味で立っているものは、もはや私たちに対して対立的物象、つまり対象《ゲーゲンシュタント》〔Gegenstand〕として立っているのではありません。

しかし、離陸滑走路に待機している旅客飛行機は、やはり対象ではないのか。たしかにそうです。私たちは飛行機という機械を、そのように表象することができるのですから。しかしその場合には、飛行機は、それが何であり、いかにあるかに関して、隠されてしまいます。滑走路に待機している飛行機が、徴用して立てられた物資として顕現するのは、輸送可能性を確保して立てるようにと徴用して立てられているかぎりにおいてのみです。そのためには、飛行機という機械それ自身が、その構造全体において、その徴用されたあらゆる構成要素において、徴用できるようになっている、すなわち離陸の準備ができているのでなければなりません（ここで、機械とは自立的となった道具だとしたヘーゲルの規定[*5]を究明すべきところかもしれません。手仕事道具のほうから見れば、ヘーゲルの特徴づけは正しいのです。しかしその場合、機械は、技術に属していながら、まさにその技術の本質にもとづいて考えられてはいません。徴用して立てられた物資のほうから見れば、機械はまったく非自立的です。というのも、機械が存立状態をもつのは、ひとえに、徴用可能なものを徴用して立てることにもとづくのですから)。

現代技術を、挑発して顕現させるはたらきとして示そうとするこの目下の試みにおいて、「かり立てる」、「徴用して立てる」、「徴用して立てられた物資」といった言葉が出しゃばってきており、そっけなく単調で、それゆえうんざりする調子で、積み重ねられています。しかしそれは、言い表わされている事柄からして、無理からぬことなのです。

挑発してかり立てるはたらきを遂行しているのは、誰でしょうか。ひとが現実的なものと称しているものを、徴用して立てられた物資として顕現させているのは、何者でしょうか。明らかに、人間です。そのような顕現させるはたらきが人間にどこまでできるのでしょうか。なるほど人間は、かくかくのことをしかじかに表象したり、形成したり、稼働させたりすることはできるでしょう。しかし人間は、現実的なものがみずからを現わしたり身を退けたりする場としての隠れなき真相そのものを、意のままにして操ることはできません。プラトン以来、現実的なものはイデアの光に照らされてみずからを現わしてきましたが、そのことはプラトンが作り出したものではありません。この思想家には、彼に言い渡されたことに、応答して語ったにすぎないのです。[*6]

人間自身が、自然エネルギーをむしり取るようにと、とうに挑発されているからこ

22

そ、徴用して顕現させるこのはたらきが生じうるのです。人間がそうするようにと挑発され、徴用して立てられているのであれば、人間もまた、徴用して立てられた物資に属しているのではないでしょうか。しかも、自然よりもいっそう根源的に属しているのではないでしょうか。その証拠に、人材〔Menschenmaterial〕つまり人的資源という言葉が世に流通していますし、臨床例〔Krankenmaterial〕、つまり患者も資源のうち、といった言い方すら病院ではまかり通っています。山林で伐採された木材の測量に従事する森番は、見かけ上は、彼の祖父の頃と同じようにして同じ森の小道を通っていますが、今日では、本人が自覚しているか否かにかかわらず、木材活用産業によって徴用して立てられているのです。森番は、セルロースの徴用可能性へと徴用して立てられており、セルロースはセルロースで、紙の需要によって挑発され、その紙自体は、新聞やグラビア雑誌用に配送して立てられるのです。では新聞雑誌はといえば、世論をかり立てては印刷物をむさぼり読むようにさせ、徴用された世論がお膳立てされるのに向くように徴用可能となるのです。しかしながら、人間は、自然エネルギーよりもいっそう根源的[*7]に挑発されています。というのも、徴用して立てるよう仕向けられているから[*8]です。そしてだからこそ、人間は、たんなる徴用物資の一つに成り下がることは決してありません。人間は、技術を稼働させることによって、顕現させるあり方の一つとしての、徴用して立てるはたらきに関与しています。しかし、徴用して立てるはたらきが繰り広げられる舞台たる、隠れなき真相それ自身は、人間の作ったものでは決してありません。それは、人間が主観として客観に関係するさいにいつでもつねに通り抜けている領域それ自体は人間の作ったものではないのと同じです。

顕現させることがたんに人間の作ったものではないとすれば、それはどこで、またいかにして生ずるのでしょうか。私たちは遠くまで探しに行く必要はありません。必要なのは、人間をつねにすでに要求してしまっている、かのものを、先入観にとらわれずに聞き取ることだけです。その要求の断固たるさまたるや、そのように要求された者であるかぎりでしか、そのつど人間は人間でありえないほどです。人間が自分の眼と耳を開き、自分の心を開き、努力に努力を重ね、造形化や作品化にはげみ、懇願と感謝を惜しみなくささげるところでは、どこであろうとあまねく人間はもう、隠れもなく真であるものへと自分が導かれていることに気づきます。その隠れもなく真であるものの隠れなき真相は、人間を呼び覚ましては人間にふさわしい顕現させるあり方をとらせるそのたびごとに、すでに出来事としておのずと本有化されているのです。現前的にあり続けるものを、隠れなき真相の内部で人間なりの仕方で顕現させるとき、人間が応答して語っている唯一の相手こそ、隠れなき真相の言い渡しにほかなりません。たとえ、人間がその言い渡しに反対して語るときでさえ、そうです。それゆえ人間が、研究し観察しつつ、自然を、人間によって表象される区域として待ち伏せて追い立てるとき、人間はも

23

う、顕現させる何らかのあり方によって要求されているのです。その顕現させるあり方は、人間を挑発しては、研究対象としての自然に襲いかからせ、ついには対象をも、徴用物資の蔓延する対象欠如状態に追い込んでは、消失させてしまうほどです。

そうであってみれば、徴用して顕現させるはたらきである現代技術とは、たんなる人間の行ないなどではありません。それゆえ私たちは、人間をかり立てて、現実的なものを徴用物資として徴用して立てるようにさせる、かの挑発することも、それがみずからを現わすとおりに受けとらなければなりません。かの挑発することは、人間を、徴用することへと取り集めます。この取り集めつつ挑発することは、人間を、現実的なものを徴用物資として徴用することへと集中させるのです。

山々《ベルゲ》〔Berge〕をもともと発達させて山の連なりとし、山襞《ひだ》をなして並び立つようにさせている、この山々を貫き通して取り集めるもののことを、ドイツ語で山脈《ゲビルク》〔Gebirg〕と言います。

私たちをかくかくの気持ち《ツームーテ》〔zumute〕にさせるさまざまな仕方がそこから生じて繰り広げられる、かの根源的に取り集めるもののことを、ドイツ語で心情《ゲミュート》〔Gemüt〕と言います。

そこで、人間を取り集めては、おのずと顕現するものを徴用物資として徴用して立てるようにさせる、かの挑発する要求のことを、――ゲ‐シュテル〔*Ge-stell*〕つまり総かり立て体制、[*9]と呼ぶことにします。

この語を、従来まったく不慣れであった意味であえて用いることにしましょう。[*10]普通の意味では、「ゲシュテル」という語は、一種の器具のことを意味します。たとえば、書架《ビューヒャーゲシュテル》〔Büchergestell〕がそうです。枠構造をもった器具、というこの意味に加えて、ゲシュテルには、骨格や骸骨《がいこつ》といった意味もあります。ですから、ここで私たちにあえて課されることになった「ゲシュテル」という用語も、骸骨という意味合いと同じく、一見ゾッとします。ましてや、自然言語に属する言葉をそのように恣意的に用いるのは虐待ではないかという懸念は、当然でしょう。突飛なことをそこまで押し進めてよいものでしょうか。たしかに難しいでしょう。しかし、このように突飛なことは、思索の古くからの習わしなのです。しかも、思索者は、最高のことを思考すべき場合、ずばりこうした突飛なことを平然とやってのけるのです。プラトンは、ありとあらゆるものにおいて本質を発揮しているものを表わすために、エイドス〔*eidos*〕というギリシア語をあえて用いました。しかし私たち末裔には、このことが何を意味しているかを推し量ることが、もはやできなくなっています。なにしろ、エイドスとは、日常言語では、目に見える物が私たちの肉眼に映じているその見え方、という意味なのです。しかしながら、プラトンはこの語を、まったく尋常ならざる意味の大胆な用語として課しました。そして、肉眼では決して見てとることのできない、かのものの呼び名としたのです。しかしだからといって、この尋常ならざるものだけで十分というわけでは決してありません。というのも、イデア〔*idea*〕は、感性的に見えるものの超感性的な姿かたちのみを言い表わすのではないからです。姿かたち、つまりイデアは、聞くことのできるもの、触れることのできるもの、感じることのできるもの、つまり何らかの仕方で感性的に近づきうる、ありとあらゆるものにおいて、本質[*11]をなすものを意味するのであり、またその本質そのものなのです。プラトンがこの場合でも別の場合でも、用語法と思考法にあえて課したことに比べれば、「ゲシュテル」を、現代技術の本質たる総かり立て体制という意味の用語としてあえて用いようとすることなど、かわいいほうです。しかしながら、今求められている言語使用が大胆な要求であり、誤解されやすいことに変わりはありません。

　総かり立て体制《ゲーシュテル》とは、人間[*12]をかり立てる、すなわち徴用して立てるという仕方で現実的なものを徴用物資として顕現させるよう挑発する、かのかり立てるはたらきを取り集めるもののことです。総かり立て体制とは、現代技術の本質において支配をふるっていながら、それ自身は技術的なものではない、顕現させる仕方のことなのです。これに対して、技術的なものには、ピストンの総体、駆動の総体、骨組みの総体として知られているものすべてが属しており、組み立て《モンタージュ》と呼ばれるものを構成する徴用物資の断片すべてが属しています。しかしながら、組み立て《モンタージュ》は、今挙げた構成断片と一緒に、技術的労

25

働の区分けに入ります。その技術的労働はといえば、つねに総かり立て体制の挑発にもっぱら応答しているのですが、それ自身が総かり立て体制をなしたり、それに作用をもたらしたりすることは決してありません。

「総かり立て体制《ゲーシュテル》」という名称において、「立てる《シュテルン》」という語は、挑発するという意味をもつだけではありません。そこには同時に、その由来をなすもう一つの「立てること」への示唆が含まれているはずです。すなわち、制作して立て《ヘアーシュテルン》、描写して立てる《ダールシュテルン》という場合の立てることがそれです。ポイエーシスという意味でのこの立てることは、現前的にあり続けるものを、隠れなき真相のこちらへと前に来るようにさせます。[*13] この、こちらへと前にもたらしつつ制作して立てることと、たとえば神殿の区域に神の立像を設置して立てることと、今熟考している挑発しつつ徴用して立てることとは、なるほど根本から異なりますが、しかしその本質において依然として親近性があります。どちらも顕現させること、つまりアレーテイアのあり方だからです。総かり立て体制にあっても、隠れなき真相は出来事としておのずと本有化されるのであり、それに応じて、現代技術の労働は、現実的なものを徴用物資として顕現させるのです。[*14] それゆえこの労働は、たんに人間の行ないではありませんし、ましてや人間の行ないの枠内でのたんなる手段などではありません。たんに道具手段的で人間学的でしかない技術規定は、原理的に無効となるのです。その技術規定を、背後で別物に差し替えられたにすぎない形而上学的または宗教的な説明によって補完させればすむというわけでもありません。

ともあれ、真であることに変わりないのは、技術時代の人間は、格別に突出した仕方で顕現させるべく挑発されている、ということです。このことはまずもって、エネルギー資源という徴用物資を貯蔵する主要倉庫と目された自然に関係します。それに対応して、徴用して立てる人間の態度ふるまいは、近代精密自然科学の勃興に真っ先に示されています。自然科学的に表象して立てる仕方は、算定可能な力の連関と解された自然を、待ち伏せて追い立てるのです。近代物理学が実験物理学であるのは、自然を尋問するために装置類を置き据えるからではありません。その逆です。物理学が、それも純粋理論としての物理学がすでに、自然をかり立てて、予測算定可能な力の連関として姿を現わすように描写して立てるからこそ、実験が徴用して立てられるのであり、すなわち、そのようにかり立てられた自然が自白するかどうか、自白するとしたらどのようにしてか、を尋問すべく徴用して立てられるのです。

しかしそれにしても、数学的自然科学の成立は、現代技術より二〇〇年近く前のことです。だとすれば、どうして自然科学が、現代技術に奉仕するようにと、とっくにかり立てられたというのでしょうか。事実はその反対のことを証拠立てています。現代技術はやはり、精密自然科学を頼みとすることができた段階ではじめて進展し始めたのです。歴史学的な年代として数えれば、そう考えるほうがあくまで正しいのです。しかし

26

歴史的な出来事として考えた場合、それは真なるものには当てはまらないのです。

近代物理学の自然理論は、技術の草分けだったのではなく、まずもって現代技術の本質の草分けだったのです。というのも、徴用して立てつつ顕現させるようにと挑発しつつ取り集めることは、すでに物理学において支配をふるっているからです。しかし、物理学においてこのことはまだ、ことさら前面に現われてはいません。近代物理学とは、その由来において依然として未知の、総かり立て体制の前触れなのです。現代技術の本質は、長い間隠されてきたのであり、それは、すでに動力機械が発明され、電子技術が軌道に乗り、原子技術が進展している場合でも、相変わらずそうなのです。

現代技術の本質だけではありません。本質を発揮しているものはすべて、至るところでとっくの昔から隠されたままになっています。にもかかわらずそれは、支配のはたらきに照らしてみれば、あらゆるものに先行する当のもの、つまり最も先なるものであることをやめていません。ギリシアの思想家が次のように述べたとき、彼らにはそのことがもう分かっていました。すなわち、支配をふるっておのずと現われ出ることに関して、より先なるものは、私たち人間にとって、後になってようやく公然とあらわになるのだ、と。原初をなす先なるものは、人間には、最後になってはじめて正体を現わすのです。それゆえ、思索の領域においては、原初的に思索された事柄をなおいっそう原初的に思索し抜こうとする努力は、過ぎ去ったものを新しいものにしようとする馬鹿げた着冷静な構えなのです。

歴史学的な年代計算からすれば、近代自然科学の開始は、一七世紀です。これに対して、動力機械技術が発展してきたのは、一八世紀の後半になってはじめてです。しかし、歴史学的な事実確認からすればより後なるものである現代技術は、そのうちで支配をふるっている本質に関していえば、歴史的にはより先なるものです。

現代物理学は、その表象の及ぶ領域があくまで直観不可能なものとなっていることに、甘んじざるをえません。その度合が次第にひどくなっているとしても、そうした断念は、研究者の委員会か何かによって指図されたものではありません。それは、自然が徴用物資として徴用可能となるように要求する総かり立て体制のふるう支配によって、挑発されていることなのです。ですから、少し前までは、対象のほうをもっぱら向いて表象する態度ばかりが物理学では決定的に重要であったのに、その態度から総じて撤退するようになっているのにひきかえ、物理学は次の一点だけは決して断念できないのです。つまり、自然が、何かしら計算上確定可能な仕方で自己申告し、情報システムの一総体として徴用可能なものであり続けること、これです。このシステムはその場合、もう一度変容をきたした因果性にもとづいて規定されます。因果性は今や、こちらへと前にもたらして始動のきっかけとなるという性格を示すものではなく、作用因というあり

27

方を、ましてや形相因というあり方を示すものでもありません。おそらく因果性の概念が収縮してしまい、徴用物資を同時的または継起的に安全にして立てるべく挑発されて申告することに成り下がっているのでしょう。これに対応して折り合いをつけようとしていると見られるプロセスがどんどん進行していることを、ハイゼンベルクは講演の中で印象深い仕方で述べています（W・ハイゼンベルク「現代物理学の自然像」[*15]、『技術時代の芸術』ミュンヘン、一九五四年、所収、四三頁以下）。

現代技術の本質は総かり立て体制に拠っているがゆえに、現代技術は精密自然科学を利用せざるをえません。それゆえ、現代技術が応用自然科学であるかのごとき、人を欺きやすい見かけが生じるのです。この見かけがまかり通るのは、近代科学の本質由来が、ましてや現代技術の本質が、十分に問い確かめられていないからこそなのです。

〔Ⅲ〕

私たちは、技術とは何だろうかと問い、技術の本質と私たちとの関係に光を当てようとしています。現代技術の本質は、私たちが総かり立て体制と名づけるもののうちで、己れ自体を現わしてきました。しかし、総かり立て体制のことを名指したからといって、それは、技術とは何かという問いに対する答えではまだ決してありません。答えるとは、応答すること、すなわち問われているものの本質に応答して語ることを意味するとすれば、です。

　ここで私たちがもう一歩踏み込んで、総かり立て体制とはそれ自身として何であるか、つくづく考えてみるとき、私たちはどこへ導かれてゆくことになるでしょうか。総かり立て体制は、技術的なものでも、機械式のものでもありません。それは、現実的なものが徴用物資として顕現させられるあり方です。では、さらにこう問うてみましょう。この顕現させるはたらきは、あらゆる人間的な行ないの彼方のどこかで起こるものなのか、と。そうではありません。とはいえ、それは人間においてのみ起こるものでもなく、人間によってという要因が決定的基準になるわけでもありません。

　総かり立て体制は、人間をかり立てて、現実的なものを徴用物資として徴用する仕方で顕現させるように仕向ける、かのかり立てるはたらきを取り集めるものです。そのように挑発された者として、人間は総かり立て体制の本質領域内に立っています。人間が、総かり立て体制との関係をあとになってやっと引き受ける、など決してありえません。ですから、私たちは技術の本質との関係にどのように到るべきなのか、と問うのは、この問いの形では、いつでも遅すぎるのです。しかし、私たちは、自分のすることなすことが、至るところで、ときには公然と、ときには隠然と、総かり立て体制によって[*16]挑発されている者であると、みずからをことさら経験しているか、と問うのであれば、遅すぎるということは決してありません。とりわけ、総かり立て体制それ自身が本質を発揮している当の場へ、私たちはことさら乗り出してゆくのか、またそれはいかにしてか、と問うのであれば、遅すぎるということは決してないのです。

　現代技術の本質は、人間を、あの顕現させることの道へ赴かせます。それによって、現実的なものは至るところで、聞きとれる度合の多い少ないの違いはあれ、徴用物資と化します。何らかの道へ赴かせること——これをドイツ語では、シッケン〔schicken〕つまり遣わす、と言います。顕現させる何らかのあり方へ人間をはじめて赴かせる、あの取り集めて遣わすはたらきのことを、ゲシック〔*Geschick*〕つまり運命の巧みな遣わし[*17]と名づけましょう。ここからして、あらゆる歴史〔Geschichte〕の本質も規定されるのです。歴史とは、歴史学の対象にすぎないのではなく、人間の行ないの遂行にすぎないのでもありません。人間の行ないが歴史的〔geschichtlich〕となるのは、運命に巧みに遣わされた〔geschicklich〕ものとしてはじめてなのです（一九三〇年の講演「真理の本質について」[*18]を参照。一九四三年初版、一六頁）。そして、対象化して表象することへの運命の巧みな遣わしによってはじめて、歴史的なものが、歴史学という一個の科学にとって、対象として近づきうるものとなるのです。またそこからしてはじめて、歴史的なものを歴史学的なものと同一視してすませるありがちな通念が、可能になるのです。

29

徴用するようにと挑発することとして、総かり立て体制は、顕現させる一つのあり方へと遣わします。総かり立て体制は、顕現させるどのあり方とも同じく、運命の巧みな遣わしを遣わすことなのです。上述の意味での運命の巧みな遣わしである点では、こちらへと前にもたらして産み出すこと、つまりポイエーシスもそうです。

有るといえるものの隠れなき真相は、顕現させるという道をつねにたどります。つねに人間をあまねく支配しているのが、顕現させるという運命の巧みな遣わしなのです。しかしそれは、何かしら強制してくる宿命では決してありません。というのも、人間が自由となるのは、運命の巧みな遣わしの領域に属し、かくして聴従する者となり、それでいて隷属した者とはならないかぎり、そのかぎりにおいてはじめてだからです。

自由の本質は、根源的には、意志には割り当てられていませんし、ましてや、人間が意志することの因果性にのみ割り当てられてなどいません。

自由は、明け開かれたもの、すなわち顕現させられたものという意味での自由な広野を、つかさどります。顕現させるという出来事、すなわち真理という出来事は、自由が最も近くて最も親密な親近性を保っている当のものです。およそ顕現させることはすべて、匿《かくま》って隠すことに属しています。ところで、隠されているもの、つねにおのずと隠れるものは、自由に解き放つもの、つまり秘密です。およそ顕現させることはすべて、自由な広野からやって来て、自由な広野へ出て行き、自由な広野へもたらします。自由な広野の自由たるゆえんは、恣意的自由の拘束のなさにも、たんなる法則による拘束にもありません。自由とは、明け開きつつ隠すもののことであり、その明け開きのうちをたなびく、かのヴェールは、どんな真理の本質を発揮しているところをも覆い隠し、当のヴェールを、覆い隠すものとして現われさせます。自由とは、顕現させることをそれぞれの道へ赴かせる運命の巧みな遣わしが形づくる領域なのです。

現代技術の本質は、総かり立て体制に拠っています。総かり立て体制は、顕現させるという運命の巧みな遣わしに属します。この二つの命題が述べていることは、技術は現代という時代の宿命なのだ、という人口に膾炙《かいしゃ》した言い方とは別のことです。後者の言い方の場合、宿命とは、変更不可能な進行過程は回避不可能だという意味です。

しかしながら、技術の本質を熟考するとき、私たちは総かり立て体制を、顕現させるという運命の巧みな遣わしの一つとして経験します。そのようにして私たちはすでに、運命の巧みな遣わしの自由な広野に滞在しているのです。この運命は私たちを、かび臭い強制に閉じ込めるのでは決してありません。つまり、技術を盲目的に稼働させたり、あるいは結局同じことですが、技術に対して絶望的に反抗し、技術とは悪魔の仕業だと非難したりすることを余儀なくさせるのでは決してありません。その反対です。技術の本質に対してことさら身を開くとき、私たちは、思いがけなくも、自由に解き放つ要求へ呼び入れられていることに気づくのです。

30

技術の本質は、総かり立て体制に拠っています。それがふるう支配は、運命の巧みな遣わしに属します。その運命によって、顕現させることの道へそれぞれ導かれるがゆえに、人間は、次の可能性のふち沿いをたえず歩んでいるのであり、それゆえ途上にあるのです。つまり、徴用することにおいて顕現させられるものだけを追跡し、稼働させ、そこから一切の規準を受けとる、という可能性がそれです。それによって閉鎖されてしまう別の可能性があります。隠れもなく真であるものの本質とその隠れなき真相へと、より先に、より以上に、ますます原初的に、乗り出してゆくという可能性です。そのあかつきには、顕現させるはたらきに用いられつつ聴従するという帰属性を、顕現の本質として経験できるようになることでしょう。

　この二つの可能性のあいだに差しかけられて、人間は、運命の巧みな遣わしによって危機に陥っています。顕現させるという運命の巧みな遣わしは、そうである以上、そのいずれのあり方においても、それゆえ必然的に、危機〔*Gefahr*〕なのです。

　顕現させるという運命の巧みな遣わしがいかなる仕方で支配をふるうにせよ、有るといえるすべてのものがそのつど現われる仕方である隠れなき真相は、危機を蔵しています。隠れもなく真であるものに接して、人間がみずからを見誤り、これを誤解するという危機がそれです。かくして、現前的にあり続ける一切のものが、原因‐結果の連関という光のもとで映じてくるところでは、神でさえ、表象作用にかかると、聖なる高みの一切を、つまり神の遠さに満つる神秘的なものを、喪失しかねないのです。神は、因果性という光のもとでは、一つの原因、つまり作用因に下落しかねないのです。その場合、神は、神学の内部でさえ、哲学者の神と化します。というのも、哲学者は、隠れもなく真であるもの、ならびに隠されたものを、作ることの因果性に従って規定するからです。しかもそのさい、そうした因果性の本質由来は決して熟考されないままです。

同様に、ある種の隠れなき真相に則ると、自然は、算定可能な力の作用連関として映じてきます。その種の真相は、なるほど正しい事実確認を許容するかもしれませんが、ほかならぬこの成果によって、正しいことづくめだからこそ、真なるものが身を退けてしまう、という危機であり続けるかもしれないのです。

顕現させるという運命の巧みな遣わしは、それ自体、ある一つの危機などではなく、まさしく危機そのもの[*19]なのです。

しかしながら、運命の巧みな遣わしが総かり立て体制という仕方で支配をふるうとき、それは最高の危機なのです。この危機は、二重の観点からわれわれに証しされています。隠れもなく真であるものが、もうすっかり対象としてではなく、もっぱら徴用物資としてのみ人間に係わり合うようになり、人間はといえば、対象を欠いたものの内部でわずかに徴用するはたらきの徴用係でしかなくなるやいなや、――人間はたちまち、ギリギリの崖っぷちに立たされるのです。すなわち、人間自身もせいぜい徴用物資とし

31

て解されるほかなくなる、という窮地に立たされるのです。その一方で、そのように脅かされている当の人間が、ふんぞり返って、大地を支配する主人の恰好をするに至っています。それによって、大手を振ってまかり通る見かけがあります。およそ出会われるすべてのものが成り立つのは、人間の作ったものであるかぎりにおいてのみだ、という見かけがそれです。この見かけが、究極の欺瞞的な仮象を結実させるのです。その仮象に従えば、人間は至るところでわずかに自分自身にしか出会わないかのごとくです。現代人にとって現実的なものはそのように映じざるをえない、とハイゼンベルクが指摘したのは、まったく当然です[*20]（前掲書、六〇頁以下）。その一方で、人間が今日、自分自身に、すなわち自分の本質に出会う場所など、じつは、もはやどこにもないのです。人間は、もうすっかり総かり立て体制の言いなりになっているので、このことを何らかの要求として認知してはいませんし、自分自身が要求されている者だということを見逃しています。したがって、自分が自分の本質にもとづいて何らかの言い渡しの領域のうちに脱-存していること、それゆえ自分自身にしか出会わないなど決してありえないことが、どの程度までなのかを、人間はどのみち聞き逃すありさまです[*21]。

しかし、総かり立て体制は、人間の自己自身との間柄、および有るといえるすべてのものとの間柄に関して、人間を危機に陥れるだけではありません。運命の巧みな遣わしとして、総かり立て体制は、徴用するという仕方で顕現させることへと指し向けます。

徴用することが支配するところでは、顕現させる他の可能性は一掃されてしまいます。とりわけ、総かり立て体制によって隠されてしまうのは、ポイエーシスという意味での、現前的にあり続けるものをこちらへと前にもたらして現われさせる、かの顕現させるはたらきです。それにひきかえ、挑発してかり立てるはたらきは、有るといえるものに対する、それと対置された方向での関わり方へ突き進んでいきます。総かり立て体制が支配をふるうところ、徴用物資の操縦と保障が、あらゆる顕現させるはたらきを造り上げます。それどころか、この操縦と保障は、それ自身の根本動向が、すなわちこうした顕現させるはたらきが、顕現させるはたらきとしてはもはや前面に出ないようにさせるのです。

挑発する総かり立て体制は、それ以前の顕現させるあり方を、つまりこちらへと前にもたらして産み出すことを、隠すばかりではありません。顕現させることそのことを、またそれとともに、隠れなき真相すなわち真理が出来事としておのずと本有化される場をなす当のものを、隠すのです。*22

32

総かり立て体制は、真理が輝き現われ、支配をふるうことを、立て塞ぎます。徴用することへ遣わす運命の巧みな遣わしは、したがって、最も極端な危機なのです。危機的であるのは、技術ではありません。技術の魔力など存在しませんが、技術の本質の秘密なら存在するでしょう。技術の本質は、顕現させるという運命の巧みな遣わしとして、危機なのです。「総かり立て体制」という語の転義が、今や私たちにいくらかでも親しみを感じられるようになっているとすれば、それはおそらく、私たちが総かり立て体制を、運命の巧みな遣わし、および危機という意味で考えているからでしょう。

人間に対する脅威は、技術的な機械や装置類が可能なかぎり殺人的に作動することによってはじめて生じるのではありません。真の脅威は、人間をその本質においてすでに襲っています。総かり立て体制の支配が脅威となることに伴う可能性があります。いっそう根源的に顕現させることへと内省的に転回し、かくしていっそう原初的真理の言い渡しを経験することが、人間にできなくなってしまいかねない、という可能性がそれです。

そういうわけで、総かり立て体制が支配するところ、最高の意味で危機があるのです。

「だが、危機のあるところ、
救いとなるものもまた育つ[*23]」。

ヘルダーリンのこの言葉を、入念に熟考することにしましょう。「救う〔retten〕」とはどういう意味でしょうか。ふつう私たちは、没落の危険に脅かされているものを間一

33

髪で連れ出しては、安全な場所へ運び入れて従来のように存続させる、という意味だとしか考えません。しかし「救う」という語は、それ以上のことを語っています。「救う」とは、連れ戻して本質へ置き入れ、かくして本質を、はじめて本来的に輝き現われさせることです。技術の本質たる総かり立て体制が、最も極端な危機であるとすれば、そして同時に、ヘルダーリンの言葉が真なることを語っているとすれば、総かり立て体制の支配は、およそ顕現させることが光り輝くことの一切を、つまり真理が輝き現われることの一切を、たんに立て塞ぐことに尽きるものではありません。だとすれば、むしろ技術の本質こそが、救いとなるものが育つことを内蔵しているのでなければなりません。ではその場合、総かり立て体制が、顕現させるという運命の巧みな遣わしとしていかなるものであるか、を十分に見抜くことによって、救いとなるものが立ち現われて輝き現われるようにさせることはできないでしょうか。

危機のあるところ、救いとなるものもそこに育つ。そう言えるのはどこまででしょうか。何かが育つところ、そこにそれは根を張るのであり、そこから伸び栄えるのです。根を張ることと伸び栄えることのどちらも、ひめやかに、しずかに、ふさわしい時に、生じます。しかし、詩人の言葉をうのみにして、危機のあるところ、救いとなるものをそこにただちに用意もなしにつかまえられる、などと期待するのは禁物です。それゆえ、私たちがまずもって熟考すべきは、こうです。最も極端な危機であるもののうちに、つまり総かり立て体制のふるう支配のうちに、救いとなるものが最も深く根を張り、またそのうちから伸び栄える、とすら言えるのはどこまでか。そのようなことを熟考するために必要なのは、この講演の道の最後の一歩を歩んで、これまで以上に明るい眼《まなこ》で危機を見抜くことです。そのことに対応して、私たちはもう一度、技術とは何だろうか、と問わなければなりません。というのも、上述のことからして、救いとなるものが根を張り、伸び栄えるのは、技術の本質においてだからです。

　しかしながら、技術の本質にひそむこの救いとなるものを、私たちはどのように観取するというのでしょうか。総かり立て体制[*24]は本来、技術の本質である、という場合の「本質」とはいかなる意味かを、熟考しないかぎりはおぼつかないでしょう。

　これまで私たちは、「本質〔Wesen〕」という語をありきたりの意味に解してきました。講壇哲学の用語では、「本質」とは、或るものが何であるか、の当のもの、ラテン語ではクイド〔quid〕です。クイッディタス〔quidditas〕つまり何であるかということ・何性は、本質とは何だろうか、という問いに答えを与えます。たとえば、カシ、ブナ、シラカバ、モミといった木のすべての種類に帰せられるべきものは、木たるゆえんという同一のものです。木たるゆえんとは、類という一般的で「普遍的」なものであり、それに当てはまるのが、現実の木であり、可能な木なのです。では、技術の本質、つまり総かり立て体制は、あらゆる技術的なものに一般的な類なのでしょうか。かりに

34

このことが当てはまるとすれば、たとえば、蒸気タービンもラジオ放送局もサイクロトロン[25]も、おしなべて総かり立て体制だということになるでしょう。しかし「総かり立て体制[26]」という語は目下の場合、器具を意味するのでも、何らかの種類の装置類を意味するのでもありません。ましてや、そのような徴用物資の一般概念を意味するのではありません。機械や装置が、総かり立て体制の事例や種類でないのは、配電盤で働いている人や研究開発部の技師がそうでないのと同様です。なるほど、そうした物や人はいずれも、徴用物資の総量を構成する断片〔Bestandstück〕として、つまり徴用物資であったり徴用係であったりするそれぞれの仕方で、総かり立て体制に属してはいますが、総かり立て体制は、類という意味で技術の本質であるのでは決してないのです。総かり立て体制とは、運命に巧みに遣わされた顕現させるあり方の一つなのであり、すなわち、挑発しつつ顕現させることなのです。運命に巧みに遣わされたそのようなあり方であるという点では、産み出して顕現させること、つまりポイエーシスもそうです。しかし、挑発やポイエーシスといったあり方は、顕現させることという概念に、相並んで組み入れられて包摂される種類ではありません。顕現させることは、どう考えても説明不可能な仕方でいつも突然に、産み出して顕現させることや挑発して顕現させることへ配分され[27]、また人間に割りふられる、かの運命の巧みな遣わしなのです。挑発して顕現させることは、産み出して顕現させることのうちに、運命に巧みに遣わされたその由来をもっています。それでいて、総かり立て体制は、運命に巧みに遣わされて、ポイエーシスを立て塞いでしまうのです。

そんなわけで、総かり立て体制は、顕現させるという運命の巧みな遣わしの一つとしては、なるほど技術の本質ではありますが、類とかエッセンティア〔essentia〕とかいった意味では、決して本質ではありません。この点に留意するとき、ある驚くべきことに私たちは思い当たります。つまり、技術というのは、「本質」という語でふつう解されているものを、それとは異なる意味において考えよ、と私たちに要求してくる当ものなのです。では、それはいかなる意味においてでしょうか。

ドイツ語では、「ハウスヴェーゼン〔Hauswesen〕」つまり家政とか、「シュターツヴェーゼン〔Staatswesen〕」つまり国家機構とかいった言い方をします。その場合でも思い浮かべられているのは、類という一般的なものなどではなく、家や国家が支配をふるい、執行され、発展し、衰退するそのあり方です。ヴェーゼンとはその場合、家や国家が本質を発揮している〔wesen〕あり方のことです。J・P・ヘーベル[*28]は、ゲーテがことのほか愛好した「カンデルン街道の幽霊」[*29]という詩の中で、「ヴェーゼライ〔Weserei〕」という古語を用いています。これは村の寄合所《ラートハウス》という意味です。そこでは、村の暮らしが取り集められ、村人の実生活がたえず働いている、すなわち本質を発揮しているからです。«wesen»という動詞から、«Wesen»という名詞がはじめて派生したのです。「ヴェーゼン〔wesen〕」は、動詞として解すれば、「ヴェーレン〔währen〕」つまり存続するという意味の動詞と同じものです。語義から言ってそうであるだけでなく、語の音声上の成り立ちからしてもそうです。すでにソクラテスとプラトンは、あるものの本質を、存続するという意味で本質を発揮しているものだと考えています。しかしながら彼らは、存続するものを、永遠に存続するもの（アエイ・オン〔*aei on*〕）と考えます。ところが彼らは、永遠に存続するものを、生成するいかなるもののもとにもとどまり続けるものとしてみずからを貫き通すもののうちに見出すのです。このとどまり続けるものを、彼らは、これはこれで、姿かたち（エイドス、イデア）のうちに、たとえば「家」というイデアのうちに発見するのです。

家のイデアのうちに、家に類するすべてのものが何であるか、という当のものが現われます。これと違って、個々の現実の家や可能な家は、この「イデア」の移ろいゆく変わりやすい変化形であり、それゆえ、存続しないものに属するのです。

ところで、存続するものは、プラトンがイデアだと考え、次いでアリストテレスがト・ティ・エーン・エイナイ〔*to ti ēn einai*〕（あらゆるものがかつてすでにそれであった当のもの）だと考え、さらに形而上学においてじつにさまざまに解釈されてエッセンティアだと考えられてきた、当の本質なるもののみを、もっぱら拠りどころとすべきだと主張できるいわれなど、じつはどこにもないのです。

本質を発揮しているものはすべて、存続します。しかし、存続するものといえるのは、永遠に存続するものだけなのでしょうか。技術の本質は、イデアが永遠に存続するという意味において存続するのでしょうか。つまりそれは、一切の技術的なものの上方に浮かんでいるがゆえに、あたかも「技術」という名称は一種の神話的抽象物を意味するかのような見かけの生じる温床となる、そういったイデアなのでしょうか。技術がどのようにして本質を発揮しているかは、顕現させるという運命の巧みな遣わしの出来事として総かり立て体制がおのずと本有化される場たる、かの永遠に存続するはたらきにもとづいてのみ観取されうるのです。ゲーテはあるとき（『親和力』第二部第一〇章、短篇小説「となりどうしの不思議な子どもたち」の中で）、「永遠に存続する〔fortwähren〕」という語の代わりに、「永遠に存続を認める〔fortgewähren〕」という秘密にみちた語を用いています。[*30] ゲーテの耳はここでは、「存続する《ヴェーレン》」と「存《ゲ》続を認める《ヴェーレン》」が暗黙裡に調和を奏でているのを聴いているのです。ところで、本来的に存続し、おそらく存続している唯一のものは何であるか、を私たちがこれまで以上につくづく熟考するなら、存続を認められたもののみが存続する、と言ってさしつかえないでしょう。いにしえから原初的に存続するものとは、存続を認めるものなのです。

総かり立て体制は、技術が本質を発揮しているところであるからには、存続するものです。この存続するものは、存続を認めるものという意味でも支配をふるうのでしょう

36

か。こういう問い方からしてもう明白な失策であるかに見えます。というのも、総かり立て体制は、これまで述べてきたすべてのことからして、何といっても、挑発して顕現させることへと取り集める運命の巧みな遣わしだからです。挑発するとは、他のどんなことではあっても、存続を認めることだけはなさそうです。しかしそう見えるのは、私たちが次の点に注目しないからこそなのです。つまり、現実的なものを徴用物資として徴用するよう挑発することも、顕現させる道の一つへ人間を赴かせる一個の遣わすことだという点では依然として変わりない、という点です。このような運命の巧みな遣わしとして、技術が本質を発揮しているところは、人間をして、人間自身がみずから発明することのできないもの、ましてや作り出すことなどできないもの、へと放ち入れます。というのも、おのずからひたすら人間でしかないような人間など、どこにも存在しないのですから。

しかし、総かり立て体制というこの運命の巧みな遣わしが、人間存在にとってのみならず、あらゆる顕現させることそれ自体にとっても、最も極端な危機なのだとすれば、この遣わすことを、それでも、存続を認めることの一つと呼べるのでしょうか。もちろんそう呼べます。しかも、この運命の巧みな遣わしにおいて、救いとなるものが育つはずだとすれば、完全にそう呼べるのです。顕現させるいかなる運命の巧みな遣わしの出来事も、存続を認めることにもとづいて、かつ存続を認めることの一つとして、おのずと本有化されます。というのも、存続を認めることは、人間に、顕現という本有化の出来事が求めてくる顕現させるはたらきへの関与を、はじめて負託するからです。そのように求められるものとして、人間は、真理という本有化の出来事に、固有化されるのです。存続を認めるものは、あれこれの仕方で顕現へと遣わすのであり、だからこそ救いとなるものなのです。というのも、救いとなるものは、人間をして、自己の本質の最高の尊厳を見つめさせ、その尊厳へと内省的に転回させるからです。人間の本質の最高の尊厳とは、あらゆる本質の隠れなき真相を、またそれとともにまずもってそれぞれの隠されたさまを、この地上で保護することに拠っています。総かり立て体制は、顕現の唯一の仕方だと勘違いされた徴用することへと人間を今にも拉《らっ》し去ろうとするかのごとくであり、かくして人間の自由な本質を放棄する危機に人間を直面させています。しかし、総かり立て体制というこの最も極端な危機においてこそ、存続を認めるものに人間がこのうえなく親密に、不壊《ふえ》に属しているという事態が、前面に現われてくるのです。私たちが私たちなりに、技術の本質に注意を向け始めるとすれば、そうなのです。

　そうであってみれば、私たちの思いも寄らなかったことですが、技術が本質を発揮しているところは、救いとなるものが立ち現われる可能性を内蔵しているのです。

　それゆえ、この立ち現われを私たちが熟考し、追想しつつ保護することに、一切は懸かっています。このことはいかにして起こるのでしょうか。何よりもまず、技術的なも

37

のにもっぱら見とれる代わりに、技術において本質を発揮しているものを観取する、というふうにしてです。技術を道具手段と見なすかぎり、私たちは、技術を制御しようとする意志に囚われたままです。私たちは技術の本質の傍らを打ち過ぎてしまうのです。その一方で、道具手段的なものが因果的なものの一種として本質を発揮しているのはいかにしてかと問うとき、私たちはこの本質を発揮しているものを、顕現させるという運命の巧みな遣わしとして経験するのです。

本質が本質を発揮しているところは、存続を認めるものにおいて出来事としておのずと本有化されるのであり、[*31]その存続を認めるものは、人間に対して、顕現させるはたらきに関与するよう求めてきます。私たちがこのことを最後に熟考するときに明らかとなってくることがあります。

つまり、技術の本質は、高次の意味で両義的なのです。そのような両義性は、あらゆる顕現の、すなわち真理の秘密を指し示しています。

一方で、総かり立て体制は、徴用することが猛威をふるうよう挑発します。これによって、顕現という出来事へのまなざしは立て塞がれ、真理の本質への関わりは根本から危機に瀕します。

他方で、総かり立て体制は、これはこれで、存続を認めるものにおいて出来事としておのずと本有化されます。この存続を認めるものによって、人間は、真理の本質を守護するために求められる者となる、という点で存続させられるのです。このことは、これまで人間が経験したことのないものですが、おそらく今後は経験を積むことになるでしょう。そのようにして、救いとなるものの出現が現われてくるのです。

徴用することの間断なきありさまと、救いとなるものの控え目なところは、天体の運行において二つの星の軌道がそうであるように、並び合ったまま通り過ぎてゆきます。しかし、両者のこの通り過ぎは、両者の近さの秘め隠された面なのです。

技術のこの両義的本質を見抜くとき、私たちは、そのめぐり合わせの布置、つまり秘密に満ちた星の運行を観取するのです。

技術とは何だろうか、と問うことは、顕現と秘匿が、つまり真理が本質を発揮しているところが、出来事としておのずと本有化される、当のめぐり合わせの布置とは何だろうか、と問うことなのです。

それにしても、真理のめぐり合わせの布置を見つめることが、私たちにとって何の役に立つのでしょうか。私たちは、危機を見抜くのであり、救いとなるものが育つことを観取するのです。

だからといって、私たちはまだ救われてはいません。しかし私たちは、救いとなるものが育ちつつある光の中で期待するようにと求められています。このことはどのようにして起こりうるのでしょうか。今ここで、ささやかながらも、私たちが救いとなるもの

38

を育《はぐく》んで世話する、というふうにしてです。これには、最も極端な危機をつねにまなざしに収めることも含まれます。

技術が本質を発揮しているところは、顕現させることを脅《おびや》かすのであり、どんな顕現させることも徴用することに埋没し、万物が隠れもなき徴用物資の相でしか映じてこないという可能性をたずさえて脅《おど》してきます。人間の行ないは、この危機に直接には対処できません。人間のなすことが、それだけで危機を封じ込めることはありえないのです。しかしながら、およそ救いとなるものは、危機に瀕しているものよりも高次でありながら、それと同類の本質をもつにちがいないということなら、人間は省察によって熟考できるのです。

その場合、いっそう原初的に存続を認められた顕現させるはたらきが、おそらく、救いとなるものを最初に輝き現われさせることができるのでしょうか。しかも、技術時代に、現われるというよりはむしろ隠される危機のただなかで、です。

かつてテクネーという名称をおびていたのは、技術だけではありませんでした。かつては、輝き現われるものの輝きへと真理をもたらす、かの産み出して顕現させることも、テクネーと呼ばれていました。

かつては、真なるものを美しいものへもたらす産み出すはたらきも、テクネーと呼ばれていました。芸術というポイエーシスも、テクネーと呼ばれていたのです。

西洋の運命の巧みな遣わしの最初に、ギリシアで、芸術は高められ、芸術に存続の認められた顕現させるはたらきの絶頂に達しました。ギリシア人は、神々の臨在を光り輝かせ、神々と人間とが織りなす運命の巧みな遣わしの対話を光り輝かせました。それでいて芸術は、テクネーとしか呼ばれませんでした。芸術とは、唯一無比の、多様な襞《ひだ》をもつ顕現させることでした。芸術とは、敬虔なもの、プロモス〔*promos*〕なもの、すなわち真理のふるう支配および真理を安全にしまっておくことに従順なもの、だったのです。

芸術は、芸人的なものに由来するものではありませんでした。芸術作品は、美的に享受されはしませんでした。芸術は文化創造の分野などではありませんでした。

芸術とは、何であったのでしょうか。おそらくはつかの間の、しかし高度な時代にしか続かないのか。芸術がテクネーという名称であっさりと呼ばれていたのは、なぜか。それは、芸術が、こちらへと前にもたらして顕現させることの一つであり、それゆえポイエーシスに属していたからです。ポイエーシスという名称を固有名として最終的に冠されるに至ったのは、美しいものを造形する芸術の一切をくまなく支配する、かの顕現させること、つまり創作〔Poesie〕、詩人的なものでした。

ヘルダーリンは、先に引用したように、

「だが、危機のあるところ、
　救いとなるものもまた育つ」。

と歌いましたが、その同じ詩人が、こうも歌っています。

「……詩人的に人間はこの地上に住む」[*32]。

詩人的なものは、真なるものを、プラトンが『パイドロス』でト・エクパネスタトン[*33]〔*to ekphanestaton*〕つまり最も純粋に輝き現われ出るものと名づけたもの、の輝きへともたらします。詩人的なものは、どんな芸術にも、つまり本質を発揮しているものを顕現させて美しいものにするどんな営みにも、くまなく本質を発揮しているのです。

造形芸術は、詩人の顕現させるはたらきへと呼び入れられるはずなのでしょうか。その顕現させるはたらきが、造形芸術をいっそう原初的に要求することによって、造形芸術がそれなりに、救いとなるものの成育をことさら世話し、存続を認めるものへのまなざしと信頼を新たに目覚めさせ、設立するに至るはずなのでしょうか。

芸術がその本質のこの最高の可能性を、最も極端な危機のただなかで存続を認められているかどうか、それは誰にも分かりません。とはいえ私たちは驚嘆することならできます。何に対してか。技術が跳梁《ちょうりょう》跋扈《ばっこ》したあげく、いつの日か、一切の技術的なものの行き着いた果てに、技術の本質が真理の出来事において本質を発揮するようになるという、あらたな可能性に対してです。

技術の本質は、技術的なものではありません。ですから、技術について本質的に省察し、技術と決定的に対決することは、一方では技術の本質に親和的でありながら他方では技術の本質とは根本的に異なる領域において、生ずるのでなければなりません。

そのような領域こそ、芸術にほかなりません。ただしそれは、芸術的省察が、これはこれで、私たちが問うている真理のめぐり合わせの布置を、閉鎖してしまわない場合にかぎります。

〔IV〕

そのように問うことで、私たちが証し立てている苦境があります。なにしろ私たちは、純然たる技術に先立つ、技術が本質を発揮しているところを、いまだ経験していませんし、純然たる美学に先立つ、芸術が本質を発揮しているところを、もはや真に保持していないのですから。しかしながら、私たちが技術の本質を熟考して問えば問うほど、芸術の本質はそれだけいっそう秘密に満ちたものとなります。

私たちが危機に近づけば近づくほど、救いとなるものへと通ずる道はそれだけいっそう明るく輝き始めるのであり、私たちはそれだけいっそう問いつつある者となるのです。というのも、問うことは、思索の敬虔さなのですから。

訳注

＊1　「技術とは何だろうか」には、途中、三つの空白行が配置されている。それに従えば、このテクストは四つの部分から成ると見なすことができる。そこで本書では、〔Ⅰ〕、〔Ⅱ〕、〔Ⅲ〕、〔Ⅳ〕という区分を、便宜的に設けることにした。

＊2　『技術時代の芸術』（一九五四年）収録版には、この「必要」に次の書き込みがある。「（経済—需要充足—消費）産業。消費の潜在的可能性の増大」(GA7, 8, Anm. a)。

＊3　『饗宴』のこの箇所は、たとえばこう訳される。「どのようなものであれ、あらぬものからあるものへと移行するようなものにとっては、その原因となるものがすべて創作であり〔…〕」（プラトン『饗宴／パイドン』朴一功訳、京都大学学術出版会（西洋古典叢書）、二〇〇七年、一〇四頁、による）。プラトンが創作（ポイエーシス）を、「あらしめること」つまり「存在の原因」と解している箇所である。

＊4　『講演と論文』（一九五四年）手沢本には、この「顕現させるあり方の一つ」に次の書き込みがある。「または、今日では、決定的基準となっている顕現させるあり方そのもの」(GA7, 13, Anm. b)。

＊5　ヘーゲルが「機械」を「自立的となった道具」と規定した箇所は見当たらない。ヤスパースは『歴史の起源と目標』（一九四九年）で現代技術を論じるさい、「機械は自立的となった道具である」としたうえで、イェーナ期ヘーゲルの体系構想草稿（いわゆる「イェーナ実在哲学」）中の労働論を持ち出してい

る。ハイデガーがそれを念頭に置いて、このカッコ書きを記した可能性が高い。カール・ヤスパース『歴史の起源と目標』重田英世訳、『ヤスパース選集』第九巻、理想社、一九六四年、二〇四頁、および、G・W・F・ヘーゲル『イェーナ体系構想――精神哲学草稿Ⅰ（一八〇三―〇四年）精神哲学草稿Ⅱ（一八〇五―〇六年）』加藤尚武監訳、座小田豊・栗原隆・滝口清栄・山崎純訳、法政大学出版局、一九九九年、九六、九九頁以下、を参照（ヘーゲルに関して、座小田豊氏より懇切なご教示を頂戴した。記して感謝する）。

＊6　『技術時代の芸術』（一九五四年）収録版には、この「かくかくのことを」に次の書き込みがある。「かくかくの隠れもなく真であるものなら、そうだ。だが、当の隠れなき真相そのものは？　顕現させられた真相は？」（GA7, 18, Anm. c）

＊7　『技術時代の芸術』（一九五四年）収録版には、この「いっそう根源的に」に次の書き込みがある。「ということは？　いっそう本来的に本有化の出来事に、固有化されているということだ」（GA7, 19, Anm. d）。

＊8　『技術時代の芸術』（一九五四年）収録版には、この「徴用して立てるよう仕向けられている」に次の書き込みがある。「ということは？　形而上学的に言えば、存在の際立った言いつけに従い、それに応答して関わるよう仕向けられている、ということである。「存在の問いへ」を参照［全集第九巻所収――全集編者注］」（GA7, 19, Anm. e）。

＊9　『講演と論文』（一九五四年）手沢本には、この「総かり立て体制」に次の書き込みがある（GA7, 20, Anm. f）。

1　意志への意志の本質としての――あまねく一貫して存続するものという意味での「本質」――根本

「総かり立て体制」

―動向――根拠の遍歴動向――あまねく一貫して創設すること
2　控え目な鳴り初《そ》めとしての
忘却――存在〔×印付き〕によって「立て置かれた」全体としての法則
3　徴用してかり立てることに用いられるという最も極端に覆い隠された習わしの放つ閃光を最初に目撃する本有化の出来事にたなびくヴェールとしての」

*10　『技術時代の芸術』（一九五四年）収録版には、この一文に次の書き込みがある。「『同一性と差異』を参照［全集第一一巻収録予定――全集編者注］」（GA7, 20, Anm. g）。

*11　『技術時代の芸術』（一九五四年）収録版には、この「本質」に次の書き込みがある。「もっと判然とさせるべきだ。存在者的に用いられたありきたりの語が、際立った存在論的身分に高められたのである」（GA7, 21, Anm. h）。

*12　『技術時代の芸術』（一九五四年）収録版には、この「人間」に次の書き込みがある。「人間だけではない！　本有化の出来事と、四者からなる四方界」（GA7, 21, Anm. i）。

*13　『技術時代の芸術』（一九五四年）収録版には、この一文に次の書き込みがある。「今日では、「芸術作品の根源」のあとがきで、「テシス〔*thesis*〕」つまり立てること、について述べている箇所を参照［全集第五巻所収――全集編者注］」（GA7, 22, Anm. j）。

*14　『技術時代の芸術』（一九五四年）収録版には、この一文に次の書き込みがある。「デールーン〔*dēloun*〕つまり明らかにすること、のほうばかりを一面的に強調しすぎている」（GA7, 22, Anm. k）。

*15　邦訳は、ウェルナー・ハイゼンベルク『現代物理学の自然像』尾崎辰之助訳、みすず書房、一九六五年、のち、新装版、二〇〇六年、所収。

*16　『講演と論文』（一九五四年）手沢本には、この「によって〔vom〕」に「において〔im〕」という書

き込みがある（GA7, 25, Anm. l）。私たちが挑発されているのは、「総かり立て体制によって」というより「総かり立て体制において」とすべきだ、ということであろう。

＊17 『技術と転回』（一九六二年）収録版には、この「運命の巧みな遣わし」に「『時間と存在』を参照［全集第一四巻収録予定——全集編者注］」という書き込みがある（GA7, 25, Anm. m）。

＊18 全集第九巻『道標』所収の「真理の本質について」には、「運命に巧みに遣わされた〔geschicklich〕」という言い方は見られないが、「歴史的〔geschichtlich〕」という語は、たとえばこう出てくる。「脱‐存する人間のみが、歴史的である」（GA9, 190）。

＊19 『技術と転回』（一九六二年）収録版には、この「危機そのもの」に次の書き込みがある。「一九四九年の「［有るといえるものへの］観入」〔つまり『ブレーメン講演』のとりわけ第三講演「危機」〕での、「ファール〔fahr〕、つまり待ち伏せて追い立てる〔*nachstellen*〕」の説明を参照［全集第七九巻——全集編者注］」（GA7, 27, Anm. n）。

＊20 「人間は自分自身と向かい合っているだけである」というのが、ハイゼンベルクの講演「現代物理学の自然像」の基本主張である（前掲『現代物理学の自然像』一六頁）。

＊21 ここの原文の „auch jede Weise“ は、„*auch*“ を „auf“ にして „auf jede Weise“ つまり「いずれにせよ」と読みたい誘惑に駆られる（ただし、全集版もそうなってはいない）。英訳では “in every way” と訳されており、英訳者はそのように取っていることが分かる。Cf. “The Question Concerning Technology”, in: Martin Heidegger, *Basic Writings: From Being and Time (1927) to The Task of Thinking (1964)*, Revised and expanded edition, edited by David Farrell Krell, Harper, 1993, p. 332.

＊22 『講演と論文』（一九五四年）手沢本には、この一文に「根底的区別の忘却」という書き込みがある（GA7, 28, Anm. o）。

＊23 ヘルダーリンの讃歌「パトモス」より。邦訳は、『ヘルダーリン全集』第二巻、手塚富雄・浅井真男

訳、河出書房新社、一九六六年、二一九頁。

＊24　ここの「総かり立て体制」の原語は、単行版（VA, 33）ではGestellだが、全集版（GA7, 30）ではGe-stellに修正されている。

＊25　「サイクロトロン〔Zyklotron（英：cyclotron）〕」は、一九三二年にアメリカで開発された円形イオン加速器。原子核物理学の実験装置として活用されたのみならず、原子爆弾の開発にも大きく寄与した。日本でも理化学研究所の仁科芳雄（一八九〇―一九五一年）を中心にサイクロトロンが作られたが、第二次世界大戦後、ＧＨＱによって海洋投棄された。サイクロトロンの開発史に関しては、日野川静枝『サイクロトロンから原爆へ――核時代の起源を探る』績文堂出版（拓殖大学研究叢書）、二〇〇九年、を参照。

＊26　前注＊24と同じ。

＊27　『技術と転回』（一九六二年）収録版には、この箇所に次の書き込みがある。「配分され、それに応じて人間に割りふられる」（GA7, 31, Anm. p）。

＊28　ヨハン・ペーター・ヘーベルは、ドイツの詩人、物語作家（一七六〇―一八二六年）。ハイデガーは、アレマン方言で詩を書いたヘーベルを重んじ、いくつかの文章を記しており、一九五六年の講演テクスト『ヘーベル――家の友』は、小冊ながら単著として出版している（*Hebel – der Hausfreund*, Neske, 1957）。今日では『ハイデガー全集』第一三巻所収。

＊29　ヘーベルの『アレマン方言詩集』に収められた「カンデルン街道の幽霊」の終わり近くに„Weserei"という語が出てくる（„Gespenst an der Kanderer Straße" von *Alemannische Gedichte*, in: *Johann Peter Hebel Werke*, Bd. 2, Insel, 1968, S. 73)。ヨーハン・ペーター・ヘーベル『アレマン方言詩集』余川文彦訳、朝日出版社、一九六二年、八七頁、では、「飲屋」と訳されている。同書の訳注には、詩中の「ハンデル」という（アレマン方言の）地名に、「カンデルン。ブラウエン山の南麓にあり、現在は小避暑地。当時は溶鉱所についた酒場があり、その跡は今も残っている」と注記されている（同

書、二二三頁）。この詩は、酔いどれ客に殺された子どもの母親が幽霊となってわが子の墓を守った、という言い伝えを題材にしており、ハイデガーがここで„Weserei"を説明するさいに用いている„Rathaus"という語も、「村役場・公会堂」というよりは、「村の寄合所」、もっと言えば「公衆酒場」といった意味であろう。

＊30 »Man ließ eben von beiden Seiten alles so fortgewähren, ...« (*Die Wahrverwandtschaften*, in: *Goethes Werke*, Hamburger Ausgabe in 14 Bänden, Bd. VI, 7. Aufl., Christian Wegner Verlag, 1968, S. 436).「どちらがわからも、すべてはなりゆきにまかせてありました」（ゲエテ『親和力』実吉捷郎訳、岩波書店（岩波文庫）、一九五六年、二九七頁）。

＊31 『技術と転回』（一九六二年）収録版には、この箇所に「本来固有のこと自身〔das Eignis selbst〕」という書き込みがある（GA7, 34, Anm. q）。

＊32 ヘルダーリンの後期の詩「愛らしい青色に咲くのは……」に出てくるこの一節は、ハイデガーのお気に入りの一つで、早くも最初のヘルダーリン講義（一九三四／三五年冬学期フライブルク講義『ヘルダーリンの讃歌「ゲルマーニエン」と「ライン」』）で繰り返し取り上げられている（GA39, 36ff., 183f., 216f.）。この一節へのハイデガーのこだわりの集大成が、『講演と論文』所収の一九五一年講演「〈……詩人的に人間は住む……〉」であった。同年の講演「建てること、住むこと、考えること」の姉妹編とも言えるこのテクストの邦訳に、次のものがある。マルティン・ハイデガー「詩人のように人間は住まう」、『哲学者の語る建築――ハイデガー、オルテガ、ペゲラー、アドルノ』伊藤哲夫・水田一征編訳、中央公論美術出版、二〇〇八年、所収。

＊33 『パイドロス』二五〇Dで、「美」こそは「エクパネスタトン〔*ekphanestaton*〕」だとされているのを指す。『プラトン全集』第五巻、岩波書店、一九七四年、所収の藤沢令夫訳『パイドロス』一九〇頁、ではこの語は、「最もあきらかにその姿を顕わ」す、と訳されている。

編訳者あとがき

本書は、後期ハイデガーが「技術」や「制作」について論じたテクストを選んで訳したものである。いずれも、第二次世界大戦後ほどなくして行なわれた講演であり、ドイツのネスケ社から一九五四年に出版された『講演と論文』に収められた。

ハイデガーの代表作の一つ『講演と論文』の完訳は日本にはまだ存在しないが、この三つのテクストは、私の知るかぎり、それぞれ二つずつ邦訳がある。

・茅野良男訳「物」、『人類の知的遺産』第七五巻『ハイデッガー』講談社、一九八四年、所収（単行本『講演と論文』版の「物」の邦訳を収録。「あと書き　若き研究者への手紙」も訳出）。

・森一郎訳「物」、『ハイデッガー全集』第七九巻『ブレーメン講演とフライブルク講演』創文社、二〇〇三年、所収（ブレーメン講演版の「物」の邦訳を収録）。

・中村貴志訳「建てる・住まう・考える」、『ハイデッガーの建築論――建てる・住まう・考える』中央公論美術出版、二〇〇八年、所収。

・大宮勘一郎訳「建てる　住む　思考する」、『ハイデガー――生誕120年、危機の時代の思索者』河出書房新社（KAWADE道の手帖）、二〇〇九年、所収。
・小島威彦・アルムブルスター訳「技術への問い」、『ハイデッガー選集』第一八巻『技術論』理想社、一九六五年（『技術と転回』の邦訳。ハイデガーからの手紙「日本の友に」も併録）。
・関口浩訳「技術への問い」、『技術への問い』平凡社、二〇〇九年、のち、平凡社ライブラリー、二〇一三年（「技術への問い」と関連の深い講演テクスト「科学と省察」も収録）。

にもかかわらず、三篇を一書に編んで新訳として出すことには十分な意義があると、私としては思う。以下、この点について寸言しておこう。

まず、この三作品は、いずれも後期ハイデガーの重要テクストであるが、一般にはこれまで熱心に読まれてきたとは言いがたい。これは、一つには、ハイデガー独特のドイツ語の言葉遣いを日本語に再現することの難しさから来ている。読者が関心を抱いて挑戦しても、生硬な訳文に跳ね返されてしまうのが常だった。もちろん同じことは、ハイデガーの主著『存在と時間』に関しても言えるが、こちらは、工夫された邦訳が続々と試みられ、事態は著しく改善された。ところが、珠玉の名篇である戦後の技術論テクストは、ドイツ語の講演としては、むしろ平明な部類に属するのに、その日本語訳に関しては、なお改良の余地があるように思われた。そこで本書では、なるべく平明な訳文で、ハイデガーの思考の跡を追っていけるよう心がけた。とはいえ、断わっておきたいが、超訳という名の希釈や改作は一切行なっていない。逆である。ハイデガーの講演口調を素のままの味わいで提供することこそ、本新訳のめざすところである。訳者としては——妙なたとえだが——とれたての魚を調理するのに塩を振って焼く程度の加工を施したのみである。これは、原文と突き合わせればすぐ分かってもらえるはずである。

　次に、後期ハイデガーの中心テーマが「技術と制作」にあり、まぎれもなくそこに、現代における哲学の可能性がひらかれたことを、多くの一般読者に知ってもらいたいと訳者は願い、そのことを如実に示す精華集《アンソロジー》を世に送り出すことにした。これは私の持論だが、ハイデガーという哲学者は、一見、超がつくほど深遠で世間離れした思索に明け暮れたかに見えて、じつはまったくその反対であった。つまり時代に敏感すぎるほど感度のよい思想家であった。ヨーロッパが総力戦を最初に経験して間もない一九二〇年代、人の生き死に、つまり実存をテーマに据えて存在論の復権を唱えたかと思うと、ナチ党が保守革命の狼煙《のろし》を上げて政権を握り、地球支配に突き進もうとした一九三〇年代に、身を以て哲学と政治の相克を体現したのが、この二〇世紀を代表する哲学者であった。彼は、人類史上最大の戦争をくぐり抜けてのちは、そこに巨大に立ち現われてきたテクノロジーを、みずからの思索の事柄に見定めた。しかも、時流に応じてコロコロ話題を変える評論家とは違って、哲学者にふさわしく事象そのものに深く分け入り、問題の根本を突き止めようとそのつど奮闘した。戦後の技術論にもその奮闘ぶりは現われている。二一世紀の今日、科学技術はますます高度化し、人類が総がかりで取り組むべきテーマとなった。現代において哲学の可能性はなお無尽蔵であることを、ハイデガーの技術論はわれわれに教えてくれるのである。

もう一つ、ダメ押し的に言い添えておきたいことがある。本書に収めた講演が行なわれた一九四〇年代末から五〇年代にかけて、地球規模の問題として急浮上してきたテーマが、核テクノロジーである。ハイデガーの用語を用いて表現すれば、この現代技術の本質は、元素の「挑発」にある。つまり、古来「分割しえないもの」とされてきた究極の自然的構成要素を、人為的に分裂させることで途方もないエネルギーを解放するプロジェクトに、理論的かつ実践的に乗り出したことにある。原子爆弾の弾道を算定するのに必要な厖大な計算処理のために開発された自動機械《オートマトン》、つまりコンピューターが地球上を席捲《せっけん》して半世紀になるが、それもまた、現代のパンドラの匣《はこ》たるこの殲滅《せんめつ》兵器から出てきた副産物である。だとすれば、現代技術はこのプロジェクトに由来すると言っても過言ではない。そこから生まれたさらなる現代の玉手箱、それが原子力発電所である。人類の学知と災厄のぎっしり詰まったこの二つの箱が、パックリ開いた地上の場所——それが日本である。一九四五年八月と二〇一一年三月、人類史的事件といえる恐るべき破局が、わが国を見舞った。この二つの出来事は、いくら考えても考え過ぎるということはないほど特大の思索の事柄である。それを経験した国で、もし哲学の可能性が見出されるとすれば、それは真っ先にこの二重の経験から摑みとられるものであるに違いない。なのに、それをいつまでも摑み損ねているわれわれにとって、絶好のテクストがある。それがハイデガーの技術論なのである。二〇世紀のど真ん中で核テクノロジーの出現に立ち会い、それを根本から考え抜こうとした哲学者が遺してくれた現代の古典は、現代日本における哲学の可能性のための指針となりうる。そしてそのためにも、新たな日本語訳があってよいと考えた。

もう一言、読者に言っておかねばならない。本訳書は、薄いからといって、すぐ読み切れるとは、どうか思わないでいただきたい。現代技術の歩むべき前途に対する有効な答えを、読者が本書に性急に求めても、隔靴掻痒《かっかそうよう》の感は否めないだろう。問題事象を根本から考えることは、ひどく迂遠に見えるし、早分かり解説本に慣れ親しんだ読者には、さぞかしじれったいことだろう。立ち止まって考えるには、時間が要る。どんなに易しく訳しても、問題の難しさを変えることはできない。時間をかけて――できれば声に出して――読み、繰り返し読み、ピンとくるまで反芻《はんすう》すること、そして、それに値する古典を読破する快楽を心ゆくまで愉しむこと――これを、訳者としては読者一人一人に願ってやまない。

本書の出版にあたっては、ニーチェ『愉しい学問』に続いて、講談社の互盛央さんにお世話になった。訳文が読みやすくなっているとすれば、おそらくそれは互さんの編集者魂のおかげである。訳文と原文を照合してチェックする作業は、上田圭委子さんにお引き受けいただいただいた。迅速かつ的確なお仕事に、訳者は大いに助けられた。カバー写真は今回も、写真家の小岩勉さんに提供いただいた。仙台市内を流れる広瀬川に懸かり、市街と青葉城とを結ぶ「大橋」の優美な夜景を、三一年前にモノクロ写真で収めた貴重な一枚で本書を飾ることができた。以上のお三方に感謝申し上げたい。

後期ハイデガーのテクストの文庫化としては、渡邊二郎訳『「ヒューマニズム」について』（ちくま学芸文庫、一九九七年）があり、あの壮麗な訳業に本書が敵《かな》うはずもないことは承知しているつもりである。私としては、訳注の少ない分、薄い文庫でハイデガーの名講演を日本語で親しめるようにしただけでも、本書には立派な意義があると信ずる。二度も「危機」に見舞われたこの国に、哲学の可能性が根づき、「育つ」ことを願いつつ。

二〇一八年一一月

森　一郎

りを許す」も見よ） 26, 27, 30
四者（Vier） 33, 42-47, 70, 71

ラ　行

輪舞（Reigen） 47
レス（res） 35-39, 41
露呈させる（enthüllen） 99, 100
ローマ人／古代ローマ人（die Römer） 35, 37-39, 41, 101, 108

Schenkens)　30
四方界の——（— des Gevierts)　73
真理の——（— der Wahrheit)　145
住むことの——（— des Wohnens)　64, 65, 69, 74, 90, 91
世界の——（— der Welt)　46, 49
近さの——（— der Nähe)　18, 41, 42, 48
人間の——（— des Menschen)　64, 144
場所の——（— des Ortes)　82
反照－遊戯の——（— des Spiegel-Spiels)　47
物の——（— des Dinges)　22, 26, 34, 35 48, 77, 79, 85
本質から朽ち果てる（verwesen)　32
本質を発揮している（wesen)　27-30, 32-34, 42-45, 47, 48, 111, 121, 125, 129, 140-142, 145, 147, 149
瓶が——ところ（das Wesende des Kruges)　34
技術が——ところ（das Wesende der Technik)　142-144
芸術が——ところ（das Wesende der Kunst)　150
真理が——ところ（das Wesende der Wahrheit)　131, 146, 150
存在が——ところ（das Wesende des Seins)　43
本質が——ところ（das Wesende des Wesens)　145
本有化する／出来事として本有化する／おのずと本有化される（(sich) ereignen)　33, 34, 41, 45, 47, 48, 50, 73, 99, 107, 119, 123, 135, 142-146
本有化の出来事（Ereignis)　144

マ　行

跨ぎ越している（durchstehen)　83, 84
待ち望む（erwarten)　72, 73, 86
めぐり合わせの布置（Konstellation)　146, 150
面倒をみる（pflegen)　66-68, 74, 113
持ちこたえている（ausstehen)　84
物（Ding)　18-23, 25-28, 34, 35, 37, 40-42, 48-51, 73, 74, 76-87, 89, 103, 110 121
——たちのもとでの滞在（Aufenthalt bei den Dingen)　73, 82, 84
物化する（dingen)　34, 41, 42, 48, 50

ヤ　行

やどり続けさせる（verweilen)　33, 34, 42
やどり続ける（weilen)　30-33
宿り場（Stätte)　78, 79, 85, 86
遣り合う（zuspielen)　45
容器（Gefäß)　19-25, 28, 29
容認する（zulassen)（→「立ち入

道具手段的（instrumental） 98-101, 104, 108, 111, 123, 145
遠さ（Ferne） 16, 17, 42, 80, 83, 133
通り抜ける（durchgehen） 82-84, 119
整える（einrichten） 85
取り集める（versammeln）（→「集約する」も見よ） 75-79, 103, 108, 110, 120 125, 128, 129, 140, 143

ナ　行

内省的に転回する（einkehren） 136, 144
柔和さの競技会（Gering） 47, 50
柔和な（ring）（→「つましくも柔和な」も見よ） 47, 50
人間（Mensch） 16, 18, 19, 27, 28, 31, 36, 39-40, 43, 44, 49, 51, 63-68, 70, 71, 76, 79, 80, 82-85, 91
飲み物（Trunk） 30-32

ハ　行

橋（Brücke） 62, 74-81, 83, 85, 87, 114
場所（Ort） 78-88
放ち入れる（einlassen） 79, 80, 83, 85, 89, 102, 143
反照させる（spiegeln） 44, 45, 47
反照－遊戯（Spiegel-Spiel） 45, 47, 48, 50
引き起こした責めを負う（verschulden） 102-105
ピュシス（*physis*） 106
表象する／表象して立てる（vorstellen） 19-23, 25, 27-29, 38-41, 44, 46, 49, 77, 80, 81, 83, 108, 116, 117, 119, 124, 126, 129, 132
物理学（Physik） 25, 111, 124-126
　近代――（neuzeitliche －） 111, 124, 125
　現代――（moderne －） 82, 126
平和利用（friedliche Nutzung） 113
隔たりを欠いたもの（Abstandloses） 17, 41, 48, 49
ポイエーシス（*poiēsis*） 106, 109, 112, 123, 130, 135, 139, 140, 147, 148
保護（Hut） 73, 85
保護する（hüten） 66, 73, 144
保障（Sicherung） 115, 135
本質（Wesen） 18, 28, 30, 32, 38, 39, 44-46, 49, 50, 64, 68, 69, 72, 73, 79, 81, 83, 86, 87, 90, 91, 96, 97, 99, 105, 112, 114, 122, 123, 126, 128-130, 132, 134, 136-138, 140, 141, 144-147, 149
　神の――（－ des Gottes） 43
　瓶の――（－ des Kruges） 31, 34, 41, 42
　技術の――（－ der Technik） 96, 97, 99, 108, 109, 116, 127, 128, 131, 132, 135, 137-140, 142, 144, 145, 150
　空洞の――（－ der Leere） 30
　現代技術の――（－ der modernen Technik） 122, 125, 127, 129, 131
　捧げるはたらきの――（－ des

セルロース（Zellulose）　118
世話する（hegen）　66, 74, 113, 147, 149
総かり立て体制（Ge-stell）　120, 122, 123, 125-140, 142-145
操縦（Steuerung）　115, 135
装置（Apparat）　16, 111, 139
装置類（Apparatur）　16, 111, 124, 136, 139
注がれたもの（Guß）　29-33
注ぐ（gießen）　23, 25, 32
存続する（währen）　141, 142, 146
　永遠に——（fortwähren）　141, 142
存続を認める（gewähren）　142-145, 147-149
　永遠に——（fortgewähren）　142

タ　行

対象／対立的物象（Gegenstand）　19-22, 26, 27, 39-41, 49, 50, 82, 115, 116, 120, 126, 129, 133
大地（Erde）　20, 31, 33, 42, 44, 45, 50, 70-73, 75, 76, 80, 85, 86, 89, 134
正しい（richtig）　25, 36, 87, 98, 99, 108, 112, 116, 124, 133
立ち入りを許す（zulassen）（→「容認する」も見よ）　85
脱固有化する（enteignen）　45
建物（Baute）　62, 63, 66, 68, 79, 82, 85, 86
建てる（bauen）　62-65, 68, 74, 86-90, 110
単一性　→織りなす単一性
近さ（Nähe）　16-19, 28, 41, 42, 48, 80, 82, 146
近づける（nähern）　42, 48
挑発する（herausfordern）　112-118, 120, 122-128, 130, 135, 139, 143, 145
徴用可能な（bestellbar）　115, 117, 118, 126
徴用して立てられた物資／徴用物資（Bestand）　115-118, 120, 122-124, 126-129, 133, 135, 139, 143, 147
徴用する／徴用して立てる（bestellen）　113-118, 120, 122-125, 128, 130, 132-135, 143-147
徴用物資の総量を構成する断片（Bestandstück）　139
追想する（andenken）　48, 49, 144
つくづく考える（nachdenken）　29, 74, 85, 90, 128
つましくも柔和な（gering）（→「柔和な」も見よ）　50, 51
連れ添う（geleiten）　72, 73, 75, 76, 86
出来事　→本有化の出来事
出来事として本有化する　→本有化する
テクネー（*technē*）　88, 109-111, 147, 148
天空（Himmel）　31, 33, 42-45, 50, 70-73, 75, 76, 80, 85, 86, 89
道具（Zeug, Werkzeug）　97, 116
道具手段（instrumentum, Instrument）　97, 145

思考／思索／考えること（Denken） 21, 27, 36, 39, 46, 49, 90, 121, 125, 151
思索の道（Denkweg） 90, 96
死すべき者たち（die Sterblichen） 31-33, 42-45, 49-51, 68, 70-76, 80, 83-86, 89, 91
始動のきっかけとなる（veranlassen） 105-108, 110, 126
死ぬ（sterben） 43, 71
四方化（Vierung） 46, 47
四方界（Gviert） 33, 34, 42, 44-46, 48, 71, 73, 74, 76-79, 82, 84-87
住宅（Wohnung） 62, 63, 85, 91
住宅難（Wohnungsnot） 63, 90, 91
自由な広野（das Freie） 45, 69, 130, 131
集約（化）／集会／集まり（Versammlung） 30, 34, 35, 37
集約する（versammeln）（→「取り集める」も見よ） 22, 30, 34, 41
熟慮する（überlegen） 103, 104
守護（Wahrnis） 145
手段（Mittel） 63, 64, 97-100, 108-110, 123
熟考する（bedenken） 19, 28, 35, 36, 38, 41, 67, 68, 70, 71, 76, 79, 80, 82, 91, 109, 123, 131, 133, 136-138, 142, 144, 145, 147, 150
自立的（selbständig） 19, 116
自立的物象（Selbstand） 19, 21
死を死として能くする（den Tod als Tod vermögen） 43, 44, 71, 72
神的な者たち（die Göttlichen） 32, 33, 42-45, 50, 70-73, 76, 80, 85, 86, 89
真なるもの（das Wahre） 99, 125, 133, 147, 149
真に保持する（bewahren） 150
真理（Wahrheit） 100, 108, 109, 111, 130, 131, 135-137, 144-148, 150
水素爆弾（Wasserstoffbombe） 18
水力発電所（Wasserkraftwerk） 98, 114
救いとなるもの（das Rettende） 136-138, 143, 144, 146, 147, 149, 151
救う（retten） 71-73, 76, 86, 136, 137, 146
住みか（Behausung） 85
住みかとする（bewohnen） 48, 63
住みかを提供する（behausen） 63, 85, 87
住む（wohnen） 62-66, 68-74, 82, 83, 85, 86, 89-91, 149
住むようにさせること（Wohnenlassen） 87, 88
制御する（meistern） 99, 145
制作する／制作して立てる（herstellen） 20-25, 38, 66, 79, 103, 109, 123
省察（Besinnung） 147, 150
製造する（verfertigen） 20, 22, 24, 97, 98, 100, 102, 106, 107, 109, 110
世界（Welt） 45-51
世界する（welten） 45-48, 50
世界大戦（Weltkrieg） 91

——的なもの（das Technische）88, 96, 122, 128, 138, 142, 144, 150
原子——（Atomtechnik）125
現代——（moderne Technik）98, 111, 112, 115, 117, 120, 122, 123-127, 129, 131
電子——（Elektrotechnik）125
動力機械——（Kraftmachinentechnik）88, 111, 126
境界（Grenze）78, 79, 90
競技の輪（Ring）47, 50
虚無化する（vernichten）26, 27, 49
許容する（verstatten）78-80, 86, 133
ギリシア人／古代ギリシア人（die Griechen）78, 88, 101, 105, 106, 108, 111, 148
空間（Raum）16, 26, 28, 78-86, 88
間の——（Zwischenraum）80, 81
——「そのもの」（«der» Raum）79, 81, 83, 86
空洞（Leere）23-25, 28-30, 34
芸術（Kunst）88, 107, 109, 147-150
原因（Ursache）37, 46, 10-105, 107, 132, 133
言語→　言葉
原子爆弾（Atombombe）17, 18, 26
原子力（Atomenergie）113
現前性（Anwesenheit）22
現前的にあり続ける（anwesen）18, 41, 50, 76 105-107, 116
現前的にあり続けるもの（Anwesendes）22, 23, 33, 38, 39, 41, 43, 87, 88, 105, 106, 119, 123, 132, 135
故郷喪失（Heimatlosigkeit）91
こちらへと前にもたらして産み出すこと（Her-vor-bringen）106-112, 130, 135
こちらへと前にもたらす（hervorbringen）（→「産み出す」も見よ）126, 135, 148
言葉／言語（Sprache）36, 37, 64, 67-69, 96
固有化する（vereignen）45, 47, 144
固有な本性（das Eigene）21, 22, 33, 44, 45

サ　行

サイクロトロン（Zyklotron）139
作為（Machenschaft）49
作成する（fertigen）98
捧げる（schenken）29-32, 34
捧げることの全体（Geschenk）30-34
作用結果（Effekt）100, 101, 103
作用をもたらす／作用としてもたらす（bewirken）100, 101, 123
産出に由来して立つ物象（Her-Stand）22
産出に由来する物象（Herstand）22, 38
山脈（Gebirg(e)）30, 120
存在を守蔵する——（— des Seins）44
死（Tod）43, 44, 72

言い渡し（Zuspruch） 64, 68, 69, 87, 91, 119, 134, 136
労わる（schonen） 48, 69, 71, 73, 86
イデア（*idea*） 22, 117, 122, 141, 142
因果性（Kausalität） 37, 100, 101, 104, 105, 108, 126, 127, 130, 133
受け入れる（empfangen） 31, 72, 73, 79, 86, 90
打ち建てる（errichten） 66-68, 74, 79, 86-88
産み出す（hervorbringen）（→「こちらへと前にもたらす」も見よ） 23, 79, 86-88, 104, 139, 147
ウラン（Uran） 113
運命に巧みに遣わされた（geschicklich） 129, 139, 140
運命の巧みな遣わし（Geschick） 129-137, 139, 140, 142, 143, 145, 148
エイドス（*eidos*） 22, 102, 121, 141
納める（fassen） 19, 21-25, 28-30, 34
襲う／襲いかかる（angehen）（→「係わり合ってくる」も見よ） 120, 136
織りなす単一性（Einfalt） 33, 42-47, 50, 70, 71, 85, 86

カ　行

科学（Wissenschaft） 25, 26, 28, 129
——的（wissenschaftlich） 25-27, 29, 46, 49
近代——（neuzeitliche Wissenschaft） 127
自然——（Naturwissenschaft） 124, 126, 127
精密自然——（exakte Naturwissenschaft） 111, 112, 124, 127
係わり合い（Angang） 38, 39
係わり合ってくる（angehen）（→「襲う」も見よ） 35-38, 48, 84, 99, 107, 133
家郷的ならざるもの（das Unheimische） 64
匿う（bergen） 73, 130
隠れなき真相（Unverborgenheit） 23, 107, 111, 115, 117, 119, 123, 130, 132, 133, 135, 144, 147
隠れもなく真（unverborgen） 33, 107, 119, 132, 133
神（Gott） 39, 43, 71, 132, 133
神々（Götter） 31, 72, 148
瓶（Krug） 19-26, 28-34, 41, 42, 50
考えること　→思考
関心事（Angelegenheit） 35-37
機械（Maschine） 97, 114, 116, 117, 128, 136, 139
動力——（Kraftmaschine） 125
危機（Gefahr） 71, 132-138, 143, 144, 146, 147, 149, 151
器具（Gerät） 89, 97, 102-104, 121, 139
技術（Technik） 62, 88, 96-100, 108, 109, 111, 116, 118, 125, 127, 131, 135, 138, 140, 142-147, 150
——時代（technisches Zeitalter） 124, 147

索　引

・三つの講演の本文のみを対象とし、本訳書の頁付けで拾った。
・三講演本文の頁範囲は、次のとおり。
「物」：16〜51頁。
「建てること、住むこと、考えること」：62〜91頁。
「技術とは何だろうか」：96〜151頁。

人名・著作名

アリストテレス（Aristoteles）　22, 101, 103, 110, 141
『ニニマコス倫理学』　110
エックハルト（Meister Eckhart）　39, 40
カント（Immanuel Kant）　40
ゲーテ（Johann Wolfgang von Goethe）　140, 142
『親和力』　142
ソクラテス（Sokrates）　141
ディオニュシウス・アレオパギタ（Dionysius Areopagita）　39
ハイゼンベルク（Werner Heisenberg）　127, 134
「現代物理学の自然像」　127, 134
ハイデガー（Martin Heidegger）
「真理の本質について」　129
プラトン（Platon）　22, 106, 109, 117, 121, 122, 141, 149
『饗宴』　106
『パイドロス』　149
ヘーゲル（Georg Wilhelm Friedrich Hegel）　116
ヘーベル（Johann Peter Hebel）　140
「カンデルン街道の幽霊」　140
ヘルダーリン（Johann Christian Friedrich Hölderlin）　114, 136, 137, 148
「ライン川」　114
レッシング（Gotthold Ephraim Lessing）　71

ア　行

空け渡す（einräumen）　78-83, 85-87, 89
集まり　→集約
集める（sammeln）　34, 47, 76
歩み戻り（Schritt zurück）　49
アレーテイア（*alētheia*）　108, 111, 123
アレーテウエイン（*alētheuein*）　110
安全にしまっておく（verwahren）　73, 74, 86, 148

＊本書は、講談社学術文庫のための新訳です。

マルティン・ハイデガー
1889-1976年。20世紀を代表するドイツの哲学者。現象学から出発して独自の存在論を展開した。代表作は，『存在と時間』（1927年），『カントと形而上学の問題』（1929年），『講演と論文』（1954年）など。

森　一郎（もり　いちろう）
1962年生まれ。東北大学教授。専門は，哲学。訳書に，ニーチェ『愉しい学問』ほか。

講談社学術文庫

定価はカバーに表示してあります。

技術《ぎじゅつ》とは何《なん》だろうか
三《みつ》つの講演《こうえん》

マルティン・ハイデガー
森《もり》 一郎《いちろう》 編訳

2019年３月11日　第１刷発行
2024年８月２日　第７刷発行

発行者　森田浩章
発行所　株式会社講談社
東京都文京区音羽 2-12-21 〒112-8001
電話　編集（03）5395-3512
販売（03）5395-5817
業務（03）5395-3615

装　幀　蟹江征治
印　刷　株式会社広済堂ネクスト
製　本　株式会社国宝社
本文データ制作　講談社デジタル製作

ISBN978-4-06-515010-8

「講談社学術文庫」の刊行に当たって

これは、学術をポケットに入れることをモットーとして生まれた文庫である。学術は少年の心を養い、成年の心を満たす。その学術がポケットにはいる形で、万人のものになることは、生涯教育をうたう現代の理想である。

こうした考え方は、学術を巨大な城のように見る世間の常識に反するかもしれない。また、一部の人たちからは、学術の権威をおとすものと非難されるかもしれない。しかし、それはいずれも学術の新しい在り方を解しないものといわざるをえない。

学術は、まず魔術への挑戦から始まった。やがて、いわゆる常識をつぎつぎに改めていった。学術の権威は、幾百年、幾千年にわたる、苦しい戦いの成果である。こうしてきずきあげられた城が、一見して近づきがたいものにうつるのは、そのためである。しかし、学術の権威を、その形の上だけで判断してはならない。その生成のあとをかえりみれば、その根は常に人々の生活の中にあった。学術が大きな力たりうるのはそのためであって、生活をはなれた学術は、どこにもない。

開かれた社会といわれる現代にとって、これはまったく自明である。生活と学術との間に、もし距離があるとすれば、何をおいてもこれを埋めねばならない。もしこの距離が形の上の迷信からきているとすれば、その迷信をうち破らねばならぬ。

学術文庫は、内外の迷信を打破し、学術のために新しい天地をひらく意図をもって生まれた。文庫という小さい形と、学術という壮大な城とが、完全に両立するためには、なおいくらかの時を必要とするであろう。しかし、学術をポケットにした社会が、人間の生活にとってより豊かな社会であることは、たしかである。そうした社会の実現のために、文庫の世界に新しいジャンルを加えることができれば幸いである。

一九七六年六月

野間省一

2750
ゴルギアス
プラトン著／三嶋輝夫訳

練達の訳者が初期対話篇の代表作をついに新訳。代表的なソフィストであるゴルギアスとの弁論術をめぐる対話が展開される中で、「正義」とは何か、「徳」とは何かが問われる。その果てに姿を現す理想の政治家像とは？ 電 P

2751
ツァラトゥストラはこう言った
フリードリヒ・ニーチェ著／森　一郎訳

ニーチェ畢生の書にして、ドイツ屈指の文学作品である本書は、永遠回帰、力への意志、そして超人思想に至る過程を克明に描き出す唯一無二の物語。「声に出して読める日本語」で第一人者が完成させた渾身の新訳！ 電 P

2752・2753
変身物語（上）（下）
オウィディウス著／大西英文訳

ウェルギリウス『アエネイス』と並ぶ古代ローマ黄金時代の頂点をなす不滅の金字塔。あらゆる領域で後世に決定的な影響を与え、今も素材として参照され続けている大著、最良の訳者による待望久しい文庫版新訳！ 電 P

2754
音楽教程
ボエティウス著／伊藤友計訳

音楽はいかに多大な影響を人間に与えるのか。音程と旋律、オクターヴ、協和と不協和など、音を数比の問題として捉えて分析・体系化した西洋音楽の理論的基盤。六世紀ローマで誕生した必須古典、ついに本邦初訳！ 電 P

2755
知性改善論
バールーフ・デ・スピノザ著／秋保　亘訳

本書をもって、青年は「哲学者」になった。デカルトやベーコンなど先人の思想と格闘し、独自の思想を提示した本書は、主著『エチカ』を予告している。気鋭の研究者が最新の研究成果を盛り込みつつ新訳を完成した。 電 P

2777
天[illegible] 付 レティクス『第一解説』
ニコラウス・コペルニクス著／高橋憲一訳

一四〇〇年続いた知を覆した地動説。ガリレオ、ニュートンに至る科学革命はここに始まる――。地動説を初めて世に知らしめた弟子レティクスの『第一解説』の本邦初訳を収録。文字通り世界を動かした書物の核心。 電 P

西洋の古典

2700

方法叙説

／小泉義之訳

われわれは、この新訳を待っていた——デカルトから出発した孤高の研究者が満を持してみずからの原点に再び挑む。『方法序説』という従来の邦題を再検討に付すなど、細部に至るまで行き届いた最良の訳が誕生！ 電P

2701

永遠の平和のために

イマヌエル・カント著／丘沢静也訳

哲学者は、現実離れした理想を語るのではなく、目の前の事実から出発していかに「永遠の平和」を実現できるのかを考え、そのための設計図を描いた——従来の邦訳が与えるイメージを一新した問答無用の決定版新訳。 電P

2702

国民とは何か

エルネスト・ルナン著／長谷川一年訳

「国民の存在は日々の人民投票である」という言葉で知られる古典を、初めての文庫版で新訳する。逆説的にもグローバリズムの中で存在感を増している国民国家の本質とは？　世界の行く末を考える上で必携の書！ 電P

2703

個性という幻想

ハリー・スタック・サリヴァン著／阿部大樹編訳

対人関係が精神疾患を生み出すメカニズムを解明し、いま注目の精神医学の古典。人種差別、徴兵と戦争、プロパガンダ、国際政治などを論じ、社会科学の中に精神医学を位置づける。本邦初訳の論考を中心に新編集。 電P

2704

人間の条件

ハンナ・アレント著／牧野雅彦訳

「労働」「仕事」「行為」の三分類で知られ、その絡み合いの中で「世界からの疎外」がもたらされるさまを描き出した古典。はてしない科学と技術の進歩の中、人間はいかにして「人間」でありうるのか——待望の新訳！ P

2749

宗教哲学講義

G・W・F・ヘーゲル著／山﨑　純訳

ドイツ観念論の代表的哲学者ヘーゲル。彼の講義は人気を博し、後世まで語り継がれた。西洋から東洋までの宗教を体系的に講じた一八二七年の講義に、一八三一年の講義の要約を付す。ヘーゲル最晩年の到達点！